"趣读成语"科普阅读书系

成语与自然现象

崔俊虎 / 编著

主　编　安若水
副主编　崔俊虎
编　委　崔俊虎　马　然　海　秋　王水香
插　图　侯孟明德

山西出版传媒集团　山西教育出版社

图书在版编目（CIP）数据

成语与自然现象 / 崔俊虎编著. — 太原：山西教育出版社，2024.7. — ISBN 978-7-5703-4079-8

Ⅰ．H136.3-49；N91-49

中国国家版本馆 CIP 数据核字第 2024ME2469 号

成语与自然现象
CHENGYU YU ZIRAN XIANXIANG

策　　划	王　媛
责任编辑	裴　斐
复　　审	姚吉祥
终　　审	彭琼梅
装帧设计	孟庆媛
印装监制	蔡　洁

出版发行　山西出版传媒集团·山西教育出版社
　　　　　（太原市水西门街馒头巷 7 号　电话：0351-4729801　邮编：030002）
印　　装　山西聚德汇印务有限公司
开　　本　890 mm×1 240 mm　1/32
印　　张　6.125
字　　数　102 千字
版　　次　2024 年 7 月第 1 版　2024 年 7 月山西第 1 次印刷
印　　数　1—1 500 册
书　　号　ISBN 978-7-5703-4079-8
定　　价　25.00 元

如发现印装质量问题，影响阅读，请与出版社联系调换。电话：0351-4729718

在成语中解读世界之美

安若水

在我国的历史长河中,形成了许多优秀的传统文化,成语作为中华优秀传统文化的重要组成部分,是中华语言文字宝库中的精华,具有独特的文化意义。

成语能以简洁、固定的形式与和谐的韵律,准确、生动地传达丰富多彩的语言信息,可谓言简而义丰。成语的背后往往有一个故事或者典故,古往今来,被广泛运用于口语和书面语中。其中,一些成语内涵丰富,涉及动植物、自然现象或规律、日常生活、人体科学……细心去找,你就会发现,成语里藏着有趣的科学问题,涉及的领域非常广泛。

在这套书里,你会了解植物的生长规律,明白植物铺满美丽大地的缘由;你会在了解动物知识的同时,看到鲜活的生命状态,知晓人类的由来,理解生命的多样性;你会了解日出日落、风雨雷电等自然现象背后的科学规律;你会从衣、食、住、行等方面,了解更多与日常生活紧密关联的科普知识。

在编写过程中,我们力求做到深入浅出、通俗易懂。每个成语中都有知识延伸、拓展阅读,希望在提升科学素养的同时,进一步增进你对中华优秀传统文化的了解。

愿这套科普阅读书系能讲好科普故事,为更多读者打开科学的大门。

目录

1. 星罗棋布 …………… 1
2. 灿若繁星 …………… 5
3. 流星赶月 …………… 9
4. 开天辟地 …………… 12
5. 天长地久 …………… 15
6. 天高地厚 …………… 18
7. 月盈则食 …………… 22
8. 未雨绸缪 …………… 25
9. 月白风清 …………… 28
10. 地动山摇 …………… 31
11. 天旋地转 …………… 34
12. 银河倒挂 …………… 37
13. 立竿见影 …………… 40
14. 望洋兴叹 …………… 43
15. 飞沙走石 …………… 46
16. 危若朝露 …………… 49
17. 雪上加霜 …………… 52
18. 惊涛骇浪 …………… 55
19. 天昏地暗 …………… 58
20. 寒来暑往 …………… 61
21. 星火燎原 …………… 64
22. 骄阳似火 …………… 67
23. 看风使舵 …………… 70
24. 暗无天日 …………… 73
25. 晴天霹雳 …………… 76
26. 瑞雪兆丰年 …………… 79

27 唇亡齿寒 ············ 82	44 分崩离析 ············ 137
28 气冲霄汉 ············ 86	45 冷暖自知 ············ 140
29 云谲波诡 ············ 89	46 天崩地裂 ············ 143
30 倾盆大雨 ············ 92	47 一马平川 ············ 146
31 囊萤映雪 ············ 95	48 绵延不断 ············ 149
32 海市蜃楼 ············ 98	49 层峦叠嶂 ············ 153
33 光怪陆离 ············ 101	50 气势磅礴 ············ 156
34 随波逐流 ············ 104	51 洞天福地 ············ 160
35 不到黄河心不死 ····· 108	52 洪水猛兽 ············ 164
36 连绵不断 ············ 111	53 声如洪钟 ············ 167
37 高山仰止 ············ 115	54 怒发冲冠 ············ 170
38 鬼斧神工 ············ 118	55 如履薄冰 ············ 173
39 荒无人烟 ············ 121	56 千态万状 ············ 176
40 久旱逢甘雨 ·········· 124	57 周而复始 ············ 179
41 空谷足音 ············ 127	58 适得其反 ············ 182
42 白虹贯日 ············ 130	59 温情脉脉 ············ 185
43 春寒料峭 ············ 133	60 指鹿为马 ············ 188

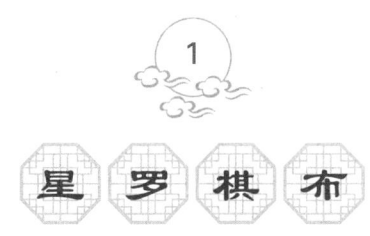

星罗棋布

【释义】 罗：罗列。布：分布。像群星那样罗列，像棋盘上的棋子那样分布。形容众多而又分散罗列着的样子。

【出处】 张协《登北邙赋》："坟垄嶬叠，棋布星罗。"陈琏《皆山轩赋》："群围牧监，星罗棋布。"

【近义】 鳞次栉比

【辨析】 "鳞次栉比"使用面较窄，多指建筑物排列有序；"星罗棋布"使用面宽泛，强调事物排列范围广而密。

【反义】 寥若晨星

科普知识

我们形容一个事物数量的众多，通常会拿天上的星星作比喻。夜晚来临，如果没有云层、其他障碍物的遮蔽或地面灯光的干扰，我们抬头就能看到满天繁星，它们一闪一闪地"眨着眼睛"。

天空中那些闪烁的星星，大部分是恒星。古人以为这些天体的位置固定不动，所以称之为恒星。事实上，它们无时无刻不在运动着。和太阳类似，它们本身能发出光和热。除恒星外，我们还能看见少数的行星，太阳系内肉眼可见的5颗行星是水星、金星、火星、木星、土星。它们本身并不发光，因为反射了太阳的光才被看到。

夜空中，我们肉眼看到的大部分星星属于银河系。

地球也属于银河系大家族。地球和其卫星月球构成地月系，地月系属于太阳系，而太阳系在银河系中非常普通，微如尘埃。太阳系中只有一颗恒星，那便是太阳。银河系由1 000亿颗以上的大小恒星和无数星云、星团构成。打个比方，如果银河系中的所有恒星加起来是一个大沙漠，太阳只能算是其中的一粒沙子。

相比银河系，太阳系是我们熟知的。太阳系是一个受太阳引力约束在一起的天体系统，包括太阳、八大行星（水星、金星、地球、火星、木星、土星、天王星、海王星），以及近500颗卫星和至少120万颗小行星，还有一些矮行星和彗星。曾经被认为是太阳系第九大行星的冥王星实际上是一颗矮行星。

银河系之外还有河外星系，银河系也只是宇宙中数千亿个星系中普普通通的一个。由此可以想象，宇宙广袤无边。

天空中星罗棋布，我们试着认识一些星星。

抬头向北方的天空望去，我们会看到一个由七颗星星组成的酷似勺子的图案，这七颗星星就是北斗七星。斗柄方向与季节的大致对应关系：东春、南夏、西秋、北冬。我们还可以通过北斗七星识别其他星，用直线把勺形边上两颗星连接起来，向勺口方向延长大概5倍距离，可以找到一颗很亮的星，那就是北极星。

顺着斗柄延伸的方向，我们还会看到一颗很亮的星，叫大角星。大角星是北天夜空中第一亮的恒星。北天夜空中第二亮的恒星是天琴座的织女星。

民间传说中，王母娘娘用银河将牛郎和织女隔开。实际上，牛郎星属于天鹰星座，织女星属于天琴星座，它们二者相隔了大概160万亿千米。

宇宙中的物体在不停地运动，所以我们看到的星空并非此刻真实的星空，而是不同时间下它们的影子。正如月球的光传到地球只需要1.3秒，我们抬头看月亮，其实看到的并不是当下的月亮，而是1.3秒之前的月亮。同理，我们看到的太阳是 8 分钟之前的太阳，看到的织女星是 25 年之前的样子。那些距离我们几百万光年的宇宙景象，是宇宙几百万年前发生的事情。

仰望星空时，看到的一切都是过去，都是历史！

◎ 消除挑战
◎ 趣味猜谜
◎ 历史典故
◎ 成语之最

微信扫码

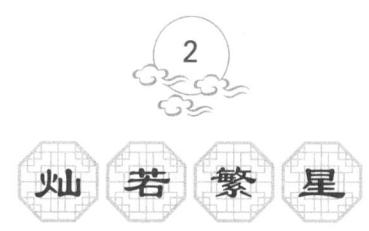

灿若繁星

【释义】灿烂得像天上众多的星星一样。形容才能出众的人很多。

【出处】刘禹锡《唐故尚书礼部员外郎柳君文集序》："天下文士，争执所长，与时而奋，灿焉如繁星丽天。"

【近义】恒河沙数　人才济济

【反义】寥若晨星

科普知识

天空中繁星点点，那么，哪一颗才是天空中最亮的星？

最亮的行星

在地球上，人类肉眼一般能看到的行星有5颗，分别是水星、金星、火星、木星、土星。这5颗行星中最亮的当属金星，它像一颗闪耀的钻石镶嵌在天幕中。虽然金星没有太阳和月亮亮，但比天狼星亮十多倍。既然金星、木星、水星、土星、火星都是靠反射太阳光发光，为什么唯独金星那么耀眼呢？主要因为它是离地球最近的行星，而且它的大小和地球差不多。金星常常出现在清晨东方的天空和傍晚西方的天空，于是它又有了一个更为人熟知的名字——启明星。

除了亮度是第一，金星在八大行星中还有一个与众不同之处——自转的方向。地球自西向东自转，其他行星也是如此，唯独金星是自东向西自转。假如你站在金星上，清晨太阳缓缓从西方升起，傍晚时分太阳慢慢落到东山之后。所以，在金星上"太阳从西边升起"名副其实。

金星的表面覆盖着厚厚的大气和硫酸云层，地表有强烈的温室效应，其温度有 400~500 ℃，是太阳系中最热的行星。金星上也有山脉，最高的麦克斯韦山脉的"海拔"高达10 000 米，比珠穆朗玛峰还要高。金星上的山脉大都由火山喷发和熔岩沉积而成。

最亮的恒星

苏轼的《江城子·密州出猎》中有"会挽雕弓如满月，西北望，射天狼"，其中"天狼"指的就是天狼星。古代诗词中有"天狼"存在，说明用肉眼很容易看到天狼星。事实上，除太阳外天狼星是最亮的恒星。

天狼星，位于大犬座，是一颗蓝白色的主序星，有一颗白矮星伴星。天狼星距离地球约 8.6 光年，由于非常亮，所以它在古代有非常特殊的地位。

我国古代的天文体系中，天狼星常用来指代入侵的异族，它的明暗变化预示着边疆的安危。苏轼的《江城子·密州出猎》中所表达的也是关心国家边疆安危的意思。

既然古人凭肉眼就可以看到天狼星，那么我们如何在天空中找到它呢？一种简单的方法是在春节前后晚上 10 时左右，朝东南方向望去，夜空中最亮的那颗就是天狼星。另一种方法是通过猎户座定位。我们可以先找到猎户的腰带，即天空中紧密排成一条直线的三星，视线顺着三星往东南方向延伸，可以看到一颗闪耀着蓝白色光芒、格外明亮的星，这就是天狼星。

需要说明的是，如果以为苏轼"会挽雕弓如满月，西北望，射天狼"，是从他当时所在的地理位置向西北望去，那就错了。因为天狼星处在南半球，从地球的北半球看是绝对不会处于西北方向的。《宋史·天文志》中记载："弧矢九星，在狼星东南，天弓也。"也就是说，天狼星在弧矢九星的西北方。因此，苏轼"西北望"的意思是拿弧矢九星这把天弓，射向它西北之处的天狼星。

仰望星空,浩瀚的银河并非只有科学意义,也在人类文明中被赋予了一定的文化内涵。最亮的行星——金星又被称作长庚星、太白金星,是智慧和才能的象征;最亮的恒星——天狼星,被视为危险的预兆,警示着人间。

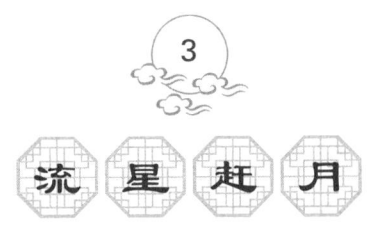

流星赶月

【释义】 天上的流星飞速向月亮滑去,像追赶月亮一样。形容行动极迅速,好像流星追赶月亮一样。

【出处】 吴承恩《西游记》:"你看那上汤的上汤,添饭的添饭,一往一来,真如流星赶月。"

【近义】 风驰电掣

【反义】 老牛破车　慢条斯理　鹅行鸭步

科普知识

流星,古称"飞星""奔星""枉矢"等,是流星体闯入地球大气层时,与大气摩擦、燃烧而产生的光迹。一般出现在离地面50~140千米处。据统计,全世界每天出现肉眼可见的流星约100万次。流星出现的规律是秋季比春季多,后半夜比前半夜多。

那么,流星体又是什么呢?是对由小行星、彗星等经碰撞、碎裂或喷发而形成的行星际中的尘埃和小碎粒的统一称谓。流星体在太阳引力作用下沿着各种轨道绕太阳运动。大质量流星体在穿过地球大气层后未被完全烧毁而落到地面的残骸,就是陨石。研究陨石对研究太阳系的形成和演化、生命的起源、空间科学技术等有重要的科学价值。

谈到流星,我们会想到影视作品或者有些书中提到的代表浪漫的流星雨。流星群与地球相遇时,与大气摩擦而发光,因如同下雨一般,故名流星雨,古时有"天花乱坠"的俗称和"星陨如雨"的记载。

我国有关于流星雨最早的记载。《竹书纪年》中就有"帝癸十年,五星错行,夜中,星陨如雨"的记载,意思是说,夏桀十年,天空中有星星如雨般陨落。流星雨最详细的记录在《左传》里:"夏四月辛卯,夜,恒星不见。夜中,星陨如雨。"鲁庄公七年(公元前687年)是世界上天琴座流星雨的最早记录。

流星体坠落到地面通常为陨石、陨铁,或其他金属类物体,这一事实我国也早有记载。《史记·天官书》中就有"星坠至地,则石也"的解释。到了北宋,沈括在他的著作《梦溪笔谈》里写道:"乃得一圆石,犹热。其大如拳,一头微锐,色如铁,重亦如之。"在当时,沈括已经注意到陨石的成分了。

世界上比较著名的流星雨

狮子座流星雨出现在每年的11月14日至21日。一般来说,流星的数量为每小时10~15颗,平均每33~34年出现一次高峰期。

每年的12月4日至17日,双子座流星雨会光临地球,且流量极大,持续时间比较长。双子座流星雨源自名为3 200法厄同的小行星,该小行星由红外线天文卫星于1983年发现。

英仙座流星雨出现在每年的7月至8月,流星数量多,几乎没有在夏季星空中缺席,是最适合普通观测者的流星雨。

流星雨是一种正常的天文现象,但古往今来人们赋予它的文化内涵却多有不同。在古代,流星划过天空常被看作天有异象,人间有凶兆。而如今,流星雨很受人们尤其是年轻人的欢迎,认为对着流星雨许愿,美好的事情就会随之发生。

4 开天辟地

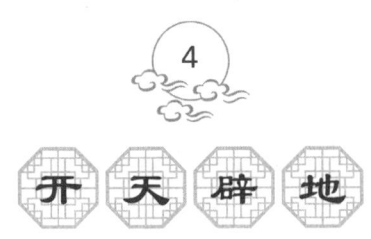

【释义】 古代神话传说中,天地本混沌一片,盘古开辟天地,创造了世界和人类。比喻前所未有的,有史以来第一次发生的。

【出处】《尚书中候》:"天地开辟,甲子冬至,日月若悬璧,五星若编珠。""甲子",古代以十天干、十二地支纪年,一甲子是六十年。"五星",古代指水星、金星、火星、木星、土星这五颗星。这句话的意思是天地从混沌一片,变为上下分明。太阳和月亮如同悬挂起来的璧玉,水星、金星、火星、木星、土星五颗星好似编列着的一串明珠。

【近义】 史无前例　亘古未有

科普知识

盘古用利斧打破宇宙混沌,将天地分开。他怕天和地再合起来,于是头顶天、脚蹬地,天越来越高,盘古也随着天越长越高。天地慢慢成形后,盘古也累倒了。盘古倒下后,他呼出的气息，变成了四季的风和飘动的云；他发出的声音，化作了隆隆的雷声；他的双眼，变成了太阳和月亮；他的四肢，变成了大地的东、西、南、北四极；他的肌肤，变成了辽阔的大地；他的血液，变成了江河。

人们对事物的认识是逐步发展的。除神话传说中对宇宙天地的解释，古代有很多学者已经开始思考宇宙起源及其发展的问题。比如，屈原在《天问》中发出了"天何所沓？十二焉分？日月安属？列星安陈？"一系列关于天地、自然的疑问。

在古代，有关宇宙的学说主要有两种，一种是"地心说"，一种是"日心说"。"地心说"认为地球居于宇宙的中心不动，太阳、月球、行星和恒星都绕地球转动，最初由欧多克斯和亚里士多德提出。但是随着观测精度的提高，该学说越来越与观测事实不符。在16世纪哥白尼创立"日心说"之前，"地心说"一直占统治地位。

哥白尼提出了"日心说"，认为地球是运动的球体，大概24小时自转一周；太阳是不动的，而且在宇宙中心，地球以及其他行星都一起围绕着太阳做圆周运动。虽然，我们已经知道太阳也在运动着，而且并不是宇宙的中心，但在当时提出宇宙的中心是太阳而不是地球，这一观点有着重大的科学和人文意义。其科学意义在于人类对宇宙的认识更近了一步；人文意义在于"日心说"的提出打破了教会（教会宣扬"地心说"）

对人们的思想禁锢，体现了人们争取自由思想的伟大精神。

除了哥白尼，我们还应该记住另两位伟大的科学家，那就是布鲁诺和伽利略。布鲁诺坚定地支持"日心说"，被教会判为"异端"，最后被烧死在罗马鲜花广场。伽利略制造了天文望远镜，他也是第一位用天文望远镜观测宇宙的科学家。

随着科学技术的快速发展，人们对宇宙的认识越来越全面、深入。有一位科学家很容易被记住，我们熟知的一台位于地球大气层之上的光学望远镜就是以他的名字命名的，他就是哈勃，那台望远镜就是哈勃天文望远镜。哈勃的观测表明，曾经存在一个称为大爆炸的时刻，那时的宇宙无限小。"大爆炸宇宙论"认为，大爆炸就是宇宙真正的开天辟地。

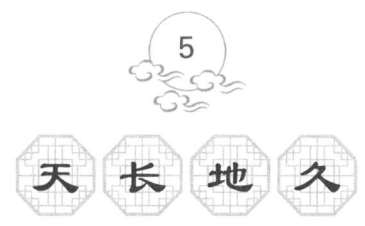

天长地久

【释义】 像天地一样长久。指时间久远。

【出处】《老子》:"天长地久。天地所以能长且久者,以其不自生,故能长生。"白朴《梧桐雨》:"牛郎织女,年年相见,天长地久;只是如此,世人怎得似他情长也。"这句话的意思是,牛郎与织女年年相见,爱情像天地一样长久,只是世人的情意哪里能像他们一样长久呢?

【近义】 天荒地老　天长日久

【反义】 仰俯之间　弹指之间

科普知识

我们形容一个事物的永恒,一般会用天长地久来表示,因为与人类个体的寿命相比,或者同整个人类从诞生到现在相比,天和地的存在确实可以称为永恒。相比之下,我们的存在甚至可以用转瞬即逝来形容。但是,永恒同样是相对的。把太阳或者地球置身于宏观宇宙中,它们的寿命也只是很短的一瞬。

太阳系形成于大约46亿年前,始于一片巨大分子云中一小块的引力坍缩。大多坍缩的质量集中在中心并形成了太阳,其余部分形成了行星、卫星等其他的太阳系天体系统。

太阳内部随时都在进行着热核反应。它质量的3/4是氢,剩下的大部分是氦,每秒钟有质量为6亿吨的氢经过热核聚变反应为5.96亿吨的氦,并释放出相当于400万吨氢的能量。这能量为地球提供了源源不断的光和热,让我们的地球得以生机盎然。科学家根据对太阳内部能量消耗的计算,估算出太阳还有50亿年的寿命。我们很容易得出这样的结论,太阳有将近100亿年的寿命,而现在它正值中年。

大约50亿年后,太阳内部的氢会越来越少,直至耗尽,这期间它会渐渐冷却,同时自身就像一个被不停吹入气的气球那样越来越膨胀,比原来的体积大很多倍,变成一颗红巨星,并开始燃烧氦。最后抛去它的外层成为行星状星云,并留下被称为白矮星的恒星尸骸。太阳的引力变小,那些环绕太阳的行星会逐渐被经过恒星的引力卷走,最终落入茫茫太空之中。

既然地球是太阳系中的一颗行星,我们这个赖以生存的家园的命运似乎变得简单起来。

太阳进化成红巨星会失去30%的质量，若不考虑潮汐力的影响，当太阳体积最大时，地球可能侥幸摆脱落入膨胀太阳外层大气的命运。然而，同时要面对的事实是，太阳的亮度将是当前的5 000倍，到时地球上剩余的生物也难逃被阳光摧毁的命运。

知道太阳的寿命和地球的命运后，仿佛感觉生命、时间都失去了价值和意义。但是，人生的追求从来不是生命的永存，而是在有限的生命里，尽情绽放自己，那么，就用"一万年太久，只争朝夕"这句话重新燃起奋斗的干劲吧。

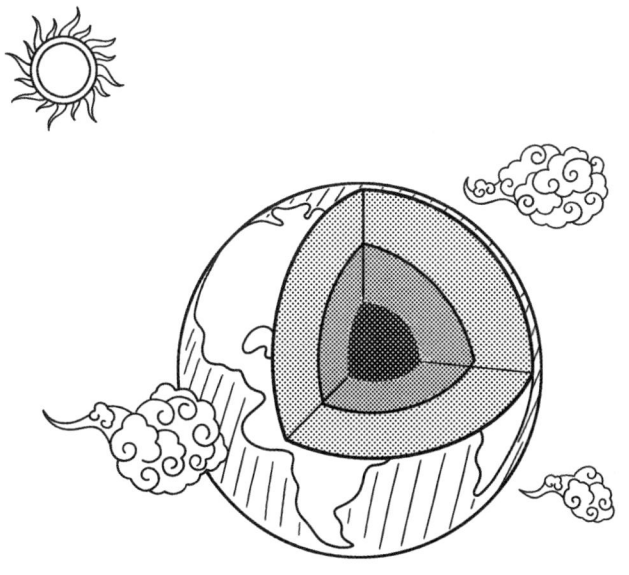

6 天高地厚

【释义】 比喻恩情深厚。也比喻事情的复杂、艰巨。

【出处】《诗经·小雅·正月》:"谓天盖高,天敢不局;谓地盖厚,不敢不蹐。"局,弯曲不舒展;蹐,小步行走,表示做事谨慎的态度。蔡邕《释诲》:"天高地厚,跼而蹐之,怨岂在明,患生不思。"跼、蹐,形容小心谨慎的样子。这句话的意思是,即使上天高远而大地也如此深厚,也不能不蜷身微步、警惧敬畏。埋怨哪里在于明白与否呢,祸患产生于不能深思。

【近义】 天覆地载　恩重如山　恩同再造

【反义】 忘恩负义

科普知识

传统认知中,"天"代表宇宙,"地"代表大地。

天上有太阳,有月亮,有数不胜数的群星。尽管地球不是银河系、太阳系的中心,却是人类赖以生存的唯一家园。所以,观测宇宙时，人们会把地球作为一个十分重要的参照物。

太阳到地球的距离只能用一个平均值——大约1.5亿千米表示。因为地球绕太阳公转的轨道并非规则的圆形，而是近似于椭圆形，于是有了近日点和远日点的区别。另外，太阳距地球十分遥远，即便光的速度可以达到每秒30万千米，我们看到的光也是在8分18秒之前从太阳发出的。这里补充一个知识：年是时间单位；光年是天文学中的长度单位，指光在一年中走过的距离，1光年≈9.5万亿千米。

太阳系中，不同行星距离太阳的长度是不同的，地球与太阳的距离适中，既能保证地球上万物获得适量的太阳光能源，又能避免受到强烈的太阳引力作用。太阳系中与地球最亲密的行星是火星，它们相距0.783亿千米（这就是世界上很多国家向火星发射探测器的重要原因）；距离最遥远的是海王星，相距43.5亿千米。月球与地球间的平均距离约38万千米。

如果超越太阳系，去更寥廓的星空探索，那些闪耀在晴朗的夜空中，带给我们无边想象和可以指引方向的星辰到底离地球有多远呢？我们以北斗七星为例，其中的"瑶光"距离地球最远，有103.9光年；天璇最近，有79.7光年。

人类借助多种先进的科学装备，将视线投向了浩瀚的太空中,仰望天空的同时,我们还要积极探索地球的奥秘。

如果把地球看作一个普通的球体,直径就是它的厚度。地球从地表到地心分为三个部分,分别是地壳、地幔和地核。地壳是地球最外层的岩石,不同地貌下,地壳的厚度也不相同。大陆型地壳的平均厚度约为35千米,大洋型地壳较薄,平均厚度约7千米。地壳按成分可分为上、下两层:上层为花岗岩层,下层为玄武岩层。青藏高原是地球上地壳最厚的地方,厚度达70千米,太平洋马里亚纳群岛东部深海沟的地壳最薄,是地球上地壳最薄的地方。

地壳之下是地幔,地幔的厚度将近2 900千米,约占地球总体积的82.3%,约占地球总质量的67.8%,这是地球内部体积最大、质量最大的部分。从地表到地心,越靠近地心,温度越高。地幔的温度有1 000~3 000 ℃。这个温度足以熔化大多数物质,所以地幔中充斥着岩石熔化后形成的岩浆。地幔分为上地幔和下地幔。上地幔的物质组成相当于橄榄岩或榴辉岩。与上地幔相比,下地幔岩石的二氧化硅含量低,且含有较多的氧化亚铁。地幔物质总体上具有固态特征。

地幔以下到地球中心的部分便是地核,可分为内核和外核两部分,外核深度为2 900~5 100千米;内核深度为5 100千米以下至地心。

地幔、地核的高温高压环境使得地球内部相对稳定，而地壳处于不断运动中，由此导致板块运动、火山喷发等。

了解了地球的厚度，知道了地幔、地核的极端环境，我们就会对为什么不通过钻一个深孔来探究地球结构有了清醒的认识。

- 消除挑战
- 趣味猜谜
- 历史典故
- 成语之最

微信扫码

● 成语与自然现象

7 月盈则食

【释义】 盈：指月圆。食：指月食。月亮到了最圆的时候就要缺损。比喻事物盛极必衰，物极必反。

【出处】《周易》："日中则昃，月盈则食。"昃：太阳偏西。这句话的意思是，太阳到了正午就要偏西，月亮到了最圆的时候就要缺损。《宋书·历下》："月盈则食，必在日冲，以检日则宿度日辨，请据效以课疏密。"这是古代研究天文历法的文字。这句话的意思是，月盈之时则会发生月食，这时月亮位置必然与太阳正好相对，用这种方法检测太阳位置就可知道其所在宿及度数值，请求根据其效果来考校历法的精密与否。

科普知识

在古代，人们的认识有限，一些关于月食的神话传说应运而生。在我国，古代民间认为月食是"天狗食月""蟾蜍食月"，在月食出现时人们便会顶礼膜拜，祈求天神驱走天狗、蟾蜍。

月球是地球的天然卫星，围绕着地球旋转。月球距离地球较近，且反射太阳的光线，在夜晚也会发出明亮的光。因此，月亮成为古代人最熟悉的天体，与之相关的天文现象也最为人熟悉。月食，古代人常称为月蚀，是地球运行到月球与太阳之间，地影掩蔽月球的现象。《诗经》所载"彼月而食，则维其常"，指公元前776年发生的月食，为世界最早的月食记录。

早在汉代，张衡就发现了月食的部分原理，他认为是地球走到了月亮的前面，把太阳的光挡住了，"当日之冲，光常不合者，蔽于地也，是谓暗虚，在星则星微，遇月则月食"。

月食的三种类型

月全食：整个月球进入地球的本影内。

月偏食：月球只有部分进入地球的本影，在其前后均会发生月偏食。

半影月食：此时月球只是掠过地球的半影区，造成月面的光度轻微减弱。

知道了月食的三种类型，大家又会产生疑问：什么是本影？什么是半影？不透明体遮住光源时，如果光源是比较大的发光体，所产生的影子就有两部分，完全暗的部分叫本影，半明半暗的部分叫半影。还有,为什么没有月环食呢?原因是地球的本影比月球大得多,发生月全食时,月球完全进入了地球的本影内。

据资料记载,历史上日全食的持续时间最长的不到 8 分钟,而月全食的持续时间可从几分钟到长达几个小时。

知道了月食形成的原因,抬头仰望夜空中的月亮,当它渐渐被黑影遮挡时,我们就不会像古人那样惊慌,认为天有异象,有灾难降临人间。但是,也不要因此疏远了那些神话传说,因为那些简朴的思想里包含着我国古人对神秘宇宙最初的探索。

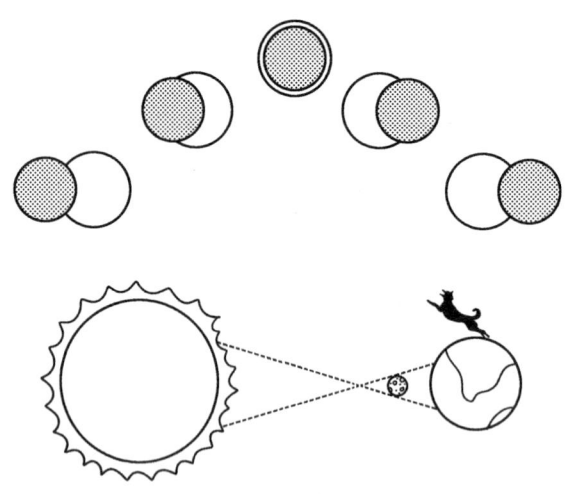

8 未雨绸缪

【释义】 绸缪：紧密缠缚。趁着天没下雨，先修缮房屋门窗。比喻事先做准备。

【出处】《诗经·豳风·鸱鸮》："迨天之未阴雨，彻彼桑土，绸缪牖户。"鸱鸮，是鸟类的一种，如猫头鹰。这首诗是以一只母鸟的口吻讲述被鸱鸮欺凌的故事。这句话的意思是，我趁着天还未下雨，要啄取桑树的树皮和根须，把巢紧紧缠绕起来。

【近义】 防患未然　有备无患　曲突徙薪

【辨析】"有备无患"是说有准备就可以避免祸患。"未雨绸缪"单纯比喻要事先做好准备。"防患未然"强调防止祸患于未发生之时，并未直指要做好准备。

【反义】 临渴掘井　亡羊补牢　江心补漏

科普知识

提到"未雨绸缪"这个成语，我们很容易将它和农事活动联系在一起。因为在古代农民基本上是靠天吃饭，所以，天气变化有非常重要的意义，从事农业活动自然需要未雨绸缪。民间流传的很多观测天气的谚语，就是对天气变化的经验总结。我们借助一则体现未雨绸缪的谚语"日晕三更雨，月晕午时风"了解一下有关日晕和月晕的知识。

通常情况下，太阳的光线很强烈，人眼不能直视太阳，否则会灼伤眼球。不过，有的时候挂在天上的太阳，却并不十分刺眼。这可能是出现了日晕。晕，是指光圈。日晕，是太阳光向外照射通过卷层云时，受到卷层云内无数冰晶的折射或反射而形成的。常在暖锋云系前方卷层云进入当地天空时出现。反射晕多白色，折射晕有彩色。由于含有冰晶的卷层云一般是出现雷雨天气的征兆，所以带有彩色光环的日晕出现后，很快便会出现大风、降雨天气。

与日晕产生的原理近似，因为月球也能反射太阳光，所以它也能呈现一些天气征兆。当温暖潮湿的空气与冷空气相遇后，形成冰晶（这是形成降雨的必要条件），光透过高空卷层云时，受冰晶折射作用，使七色复合光被分散为内红外紫的光环或光弧，围绕在月亮周围产生光圈，就形成了月晕。

在古代，科学技术不发达，人们不了解一些自然现象背后的科学原理，起初在观察到像日晕、月晕这样特殊的天文现象时，会出现恐慌。尤其日晕、月晕后，天气往往很快就变得十分恶劣，这更加重了人们对这些现象的厌恶。然而，智慧的古人最终摆脱了这种恐惧，经过不断观察、细心总结，把日晕、月晕现象总结成谚语，为人们的生产生活服务。

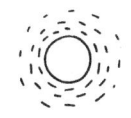

成语与自然现象

9 月白风清

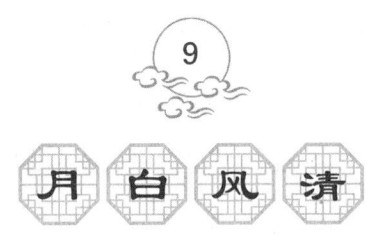

【释义】 月色明亮,微风凉爽。形容恬静美好的夜景。

【出处】 苏轼《后赤壁赋》:"月白风清,如此良夜何?"这句话可翻译为,月光皎洁,凉风吹拂,我们该怎么度过这个美好的夜晚呢?李文蔚《同乐院燕青博鱼》:"这早晚玉绳高,银河浅,恰正是夜阑人静,端的这月白风清。"

【反义】 月黑风高

科普知识

唐朝一个叫张若虚的诗人在他的成名作《春江花月夜》里写道:"江畔何人初见月?江月何年初照人?"他在问,这江边是哪个人最先看到月亮的呢?而这江上的明月又是什么时候开始照射人间的呢?也许很多人都有同样的疑问,这月亮是从何而来的呢?大文豪苏轼写过"人有悲欢离合,月有阴晴圆缺",这月亮的圆缺又有怎样的变化规律呢?

在宇宙中,因为引力的作用,大的天体周围都有卫星相伴。在太阳系中，除水星和金星外，其他行星都有天然卫星。作为离地球最近的天体，月球成为地球唯一的天然卫星。地球与月球构成的天体系统，被称为地月系。在地月系中，地球是中心天体，月球围绕地球进行公转。公转的同时，地球和月球都在自转，而且二者的转动速度堪称同步。因此，在地球上观察，始终只能看到月球的同一面。它的阴影部分一直在幽深的宇宙中隐藏着，直到中国发射的"嫦娥四号"探测器在月球背面成功着陆，世界上第一张近距离拍摄的月背影像图通过"鹊桥"中继星传回地球，这才揭开了古老月背的神秘面纱。

地球自转与月球自转同步，在引力（还有太阳）的作用下，地球上的海水产生了潮汐现象。海水垂直方向的涨落称为潮汐，发生在早晨的海水涨落称潮，发生在夜间的海水涨落称汐。一般每日涨落两次，也有涨落一次的。

月球对地球有着十分重要的影响。

形成起源　关于月球的形成，科学家提出过很多假说，其中"大碰撞假说"受到广泛认可。即在40多亿年前，一个天体与地球发生碰撞，碎裂出的物质成为月球。1969年，美国的阿波罗11号实现了人类首次载人登月，并带回月球的岩石和土壤。研究证明，月球岩石的同位素特征与地球岩石相同，而不同于太阳系其他的天体。这就为"大碰撞假说"提供了有力的依据。

月海 在月圆之夜，人们甚至可以用肉眼看到月亮上的一些斑块。这些斑块其实是月面上比较低洼的平原。伽利略发现时称之为"海"，实际上"月海"中一滴水也没有。

环形山 月球表面有大量碗状的凹坑，这些凹坑四周高出月面的岩石被称为环形山。这些环形山的直径大小不一，小的直径仅10千米，大的直径近300千米。大部分环形山可能由陨星撞击形成，小部分环形山则可能是火山爆发而成。人类用地球上著名科学家的名字给这些环形山命名。例如，以我国天文学家命名的环形山有石申环形山、张衡环形山、祖冲之环形山、郭守敬环形山等。

地动山摇

【释义】地被震动,山要摇摆。形容声势浩大。

【出处】欧阳修《论修河第一状》:"臣恐地动山摇,灾祸自此而始。"这句话的意思是,我担心大地震动,山岳摇摆,灾难祸患恐怕就要从此发生了。吴曾《能改斋漫录·事始》:"鼓角大鸣,地动山摇。"这句话的意思是,战场上,进攻的战鼓和号角响起来,大地震动,山岳摇摆。

【近义】震天动地　天翻地覆

【反义】无声无息

科普知识

有的人没有经历过地震,但通过新闻报道、图书、影视作品等,也能了解地震带来的巨大破坏力。

地震是一种自然现象。地球中的地壳不是一个整体,由很多板块组成,板块与板块之间相互挤压、碰撞,造成板块边沿及板块内部产生错动和破裂,引起地震。地球内部有很大的气压和热量，释放内部的能量时，会让地壳发生震动，由此产生地震波。

地球是一个充满活力的星球，这不仅体现在地球上生活着多种多样的生物，也体现在地震的活跃程度上。地球上每年发生500多万次地震，平均每天发生上万次地震。不过，绝大多数地震的能量太小或者距离我们太远，人们并不会感觉到它们的存在。例如，里氏3级以下的地震能量很小，带来的震感不明显。"里氏"是国际上通用的震级划分标准：小于里氏3级，属于微震；里氏3~5级，属于有感地震；大于里氏5级，属于破坏性地震。

按形成的原因划分，地震可分为构造地震、火山地震、陷落地震等。地球上超过90%的地震都属于构造地震。地球不停地运动，地壳内部随之产生巨大的应力作用，在这种力长期的作用下，地壳的岩层发生弯曲变形，当地应力超过岩石本身能承受的强度时，岩层断裂、错动，其巨大的能量突然释放，从而发生构造地震。火山地震，顾名思义是火山爆发时引起能量冲击而产生的地壳振动。火山地震所波及的地区通常只限于火山附近几十千米远的范围内，而且发生次数较少，造成的危害较轻。陷落地震是由于地下水溶解可溶性岩石（如石灰岩），或由于地下采矿形成的巨大空洞，造成地层崩塌陷落而引发的地震，其危害程度较小。

前面提到地震主要是板块运动造成的，所以并不是所有的地区都会发生地震，那些处于板块边缘的地方，是地震的高发区。规模最大的地震带有环太平洋地震带和横贯欧亚地震带。各大洋的海岭区也是地震频繁的地带，绵延几万千米，但带上的地震强度较弱。

历史上记载的最大地震发生在1960年5月22日南美洲的智利瓦尔迪维亚，震级达9.5级。2008年5月12日，震中位于四川省阿坝藏族羌族自治州汶川县映秀镇的汶川大地震，震级为8.0级。

目前，包括我国在内的世界上很多国家都建立了地震预警系统，这有助于人们提前了解地震信息，做好避震准备。

11 天旋地转

【释义】 旋：转。指天地旋转。比喻形势变化，时势变迁。也指头晕眼花。

【出处】 元稹《望云骓马歌》："天旋地转日再中，天子却坐明光宫。"这句话的意思是，天地旋转，时势变迁，太阳重新回到天空中，天子又坐在明光宫里。这里是指唐朝平息安史之乱，天子回到了朝廷的宫殿中。凌濛初《二刻拍案惊奇》："真珠姬早已天旋地转，不知人事，倒在地下。"该成语在这句话中使用了另一个含义——头晕眼花。

【近义】 头晕目眩　头昏眼花

【反义】 神清气爽　神清气朗

科普知识

"坐地日行八万里，巡天遥看一千河。"有人不禁要问：坐着不动如何能够在一天之内走过八万里的路程？其实，答案并不费解。这是因为地球在自转。

11 天旋地转

在宇宙中，天体并不是静止不动的，都在按照一定的轨迹运动，地球也不例外。地球绕地轴自西向东转动，自转线速度约为1 670千米/时。按照这个速度，一日之内，地球上的人即便站着不动也在宇宙中留下了一个大约4万千米的轨迹。刚才提到"一日"，其实，"日"的时间长度有不同的测量方式。地球自转一周耗时23小时56分，天文学家称为恒星日。我们习惯上认为一天是24小时，实际指的是太阳日。以太阳为参考点所度量的地球自转周期，也就是昼夜交替周期。所以，在某些特定的场合，当提到"一日"的长度时，就要区别对待了。地球始终在自转且地球是个不透明的球体，使得太阳不是一直照射地球的某一处。这样，昼夜便出现了。当太阳照射地球某一处时，此处便是白天；在太阳照射不到的地方，便进入夜晚。

再来看地球自转的方向，从北极上空看，地球呈逆时针旋转；从南极上空看，地球呈顺时针旋转。不要轻视这个现象哦！因为在南北半球，物体在自转中的反应是不同的。例如，在水面上形成的漩涡，在北半球是逆时针旋转，在南半球是顺时针旋转；爬山虎之类的藤蔓在向上生长的过程中，在北半球是逆时针攀缘，在南半球是顺时针攀缘；人闭上眼睛前进时，北半球的人会不由自主地向右偏，而南半球的人会向左偏。

另外,地球自西向东旋转的特征,使得在人类的眼中,太阳是东升西落。由此可以设想,如果你乘坐一架速度超过同纬度地球自转速度的飞机一直逆地球自转方向飞,那么便可以一直处在白天。

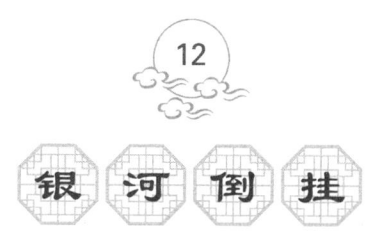

银河倒挂

【释义】 银河,天河。指瀑布如同银河倒挂在山间。形容瀑布的壮丽景色。

【出处】 李白《庐山谣寄卢侍御虚舟》:"银河倒挂三石梁,香炉瀑布遥相望。"这首诗是诗人李白描写庐山雄奇的景象,那里的瀑布格外壮观。三石梁瀑布如同银河倒挂,飞流而下,与香炉峰瀑布遥遥相对。

【近义】 银河倒泻

科普知识

大家一定熟悉诗人李白的《望庐山瀑布》,也一定被诗人描写的"飞流直下三千尺,疑是银河落九天"的气势震撼到。瀑布飞流直下的雄浑壮阔和雷霆万钧的磅礴气势令人惊叹,所以瀑布也是地球上最为壮观、最为震撼的自然景象之一。那么,你知道瀑布的形成原因和特点吗?

瀑布是从河床纵剖面陡坡或悬崖处倾泻下来的水流。瀑布的大小、气势主要取决于地势落差和水量。世界上最美的瀑布有黄果树瀑布（中国白水河）、壶口瀑布（中国黄河）、尼亚加拉瀑布（北美洲伊利湖和安大略湖间）、莫西奥图尼亚瀑布（非洲赞比西河中上游交界处）等。

最常见瀑布的形成原因是水流对河底软硬岩层的差别侵蚀。当河流跨越许多岩石的边界时，如果从坚硬的岩石河床流向较柔软的岩石河床，相对而言后者被侵蚀得更快一些，而且在这两种类型岩石相接处的坡度会更加陡峭。硬岩层凸露于易受侵蚀的软岩层之上成为陡崖，水流在此陡落而成瀑布。最具有代表性的便是位于美国和加拿大交界处的尼亚加拉瀑布。

形成瀑布的另一原因是河床上有许多条状的坚硬岩石。以尼罗河最为典型，在那里形成了许多大瀑布，由于尼罗河河水已经对河床进行了充分的侵蚀，致使坚硬的结晶质基底岩露了出来。

只有极为少数的瀑布形成取决于岩层的特性。最常见的一种是由陆地的结构和形状形成。例如，隆起的高地玄武岩能够形成坚硬的台地，河水在它的边缘产生瀑布，在北爱尔兰的玄武岩上形成的瀑布就是这样的情况。

需要注意的是，河水侵蚀或地质特征并不是形成瀑布的单一因素。构造运动会将坚硬和软性岩石聚集在一起，共同形成瀑布。河床平面的急剧下降会加强河流对其的冲蚀，进一步导致河床加深，并使河床上的裂点向上游方向后撤。结合河水流动、地质特征等，瀑布极有可能在河床上出现裂点的地方进一步发展。冰川作用也会形成瀑布，由于冰川的侵蚀力，那里河谷的深度不断增加，而支流河谷被留在较陡河谷的两侧较高处。当河水从支流河谷流入被冰川侵蚀过的河谷，二者的落差就产生了瀑布。

我国著名的水利工程三峡大坝是世界上最大的河流发电站，它利用大坝形成的水位落差，将水的势能变为动能，带动发电机组运作，从而产生源源不断的电能。

面对气势磅礴的瀑布，古代文人骚客不吝惜笔墨留下了大量的文学作品，如辛弃疾的《沁园春·灵山斋庵赋时筑偃湖未成》、王安石的《千丈岩瀑布》等。

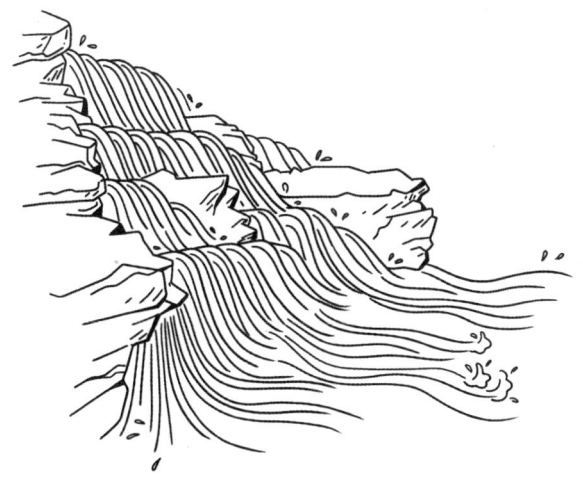

成语与自然现象

13

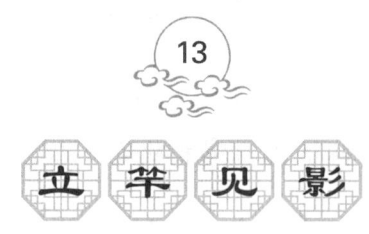

立竿见影

【释义】 把竹竿竖在阳光下,立刻可以看到影子。比喻收效迅速,见效很快。

【出处】 魏伯阳《周易参同契》:"立竿见影,呼谷传响。"谷,指山谷。响,指声音,这里指回声。这句话的意思是,在阳光下竖起竹竿,立刻可以看到影子;在山谷中呼喊,很快就能听到回声。

【近义】 明效大验

【辨析】 "明效大验"强调达到预期的明显效果;"立竿见影"强调很快达到效果。

【反义】 劳而无功

科普知识

有一个怪娃娃会变魔术,在有光的地方就会出现,在没光的地方就和我们玩起了捉迷藏。它还可以伸缩自己的身高,像个跟屁虫似的一直跟在我们左右。它就是我们的好朋友——影子。但是，对于这位好朋友，你了解多少呢？

　　光以直线的形式传播，光源（太阳、月亮、电灯泡等）前方的物体挡住了光，光不能到达遮挡物体的后面，不能反射到我们的眼睛里，影子这位好朋友才能到我们身边陪我们玩耍。物体靠近光源时，影子变大；物体逐步远离光源时，影子逐渐变小。物体转动，影子也会呈现不同的形状。这就是影子会变魔术的原因。

　　在户外玩耍时，影子这位好朋友表现得十分有趣，因为它的肤色会根据天气情况发生变化。在晴朗无云、阳光明媚的天气里，影子清晰，是个黑乎乎的孩子。当天气多云时，我们就不太容易看到影子，不过它并没有丢下我们，只是由于太阳光被云中的微小颗粒分散开，向许多方向反射，影子暂时隐藏了起来。影子分本影和半影两种：如果观察路灯下自己的影子，你会发现它中间黑而四周稍浅。阴影中部特别黑的部分叫本影，四周灰暗的部分叫半影。在室内，影子的颜色还会随着投射处反射光线的多少发生变化。例如，当部分光线被物体遮蔽后，物体投射在白色墙壁上的光线变少，影子部分看起来就比原来的墙壁暗。

　　影子一直都是人类的好朋友。从古代开始，人类就从影子身上学到了很多知识。影子的移动有固定模式，受地球自转（太阳东升西落）和公转（四季变化）的影响。太阳直接照在物体的南方，影子在北面；太阳直接照在物体的北方，影子在南面。清晨和傍晚时分，太阳偏低，影子较长。中午太阳直射地面，影子较短。于是，古人用条状物标示时间的流逝，发明了日晷。后来，人们发现不仅可以用影子的长短计量时间，还能用山峰的影子计算出山峰高度。在日常生活中，皮影戏成为人们利用影子的原理进行娱乐表演的一种方式；X射线或CT扫描，都是通过光线穿过人体留下影子来检测是否发生病变或疾病的严重程度。

　　影子的功劳有这么大，你还觉得这位好朋友只是个调皮的孩子吗？

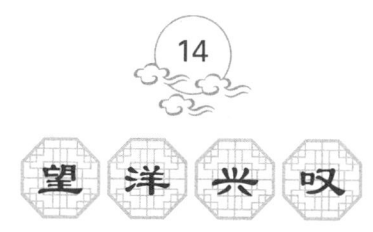

14 望洋兴叹

【释义】望洋：仰望的样子。仰望（海神）而兴叹。原指在伟大的事物面前感叹自己的渺小，现多比喻做事时因力量不够或没有条件而感到无可奈何。

【出处】《庄子·秋水》："于是焉河伯始旋其面目，望洋向若而叹曰：'野语有之曰，"闻道百，以为莫己若者"，我之谓也。'"翻译成白话文：于是，河伯转变了他原来的表情，茫然地抬头对北海若（北海之神）感慨地说："俗语说：'自以为知道很多道理，没人能赶上自己了'，这正是说我呀。"

【近义】无可奈何　无能为力　束手无策　无计可施

科普知识

海洋是生命的摇篮。人类对海洋的认识从模糊到清晰，从知之甚少到逐渐了解。

我们看到的海洋是蔚蓝色的，这是什么原因呢？太阳光由红、橙、黄、绿、青、蓝、紫七种可见光组成。这七种光的波长各不相同，不同深度的海水吸收不同波长的光。波长较长的红光、橙光、黄光等射入海水后，先后被逐步吸收，而波长较短的蓝光、青光射入海水后，遇到悬浮在海洋里的微小物体，便向四周散射和反射。特别是海水对蓝光吸收得少，反射得多，越往深处，蓝光被折射回水面的越多。

目前，人类已知的海洋最深处是马里亚纳海沟。2020年11月10日，中国"奋斗者号"载人潜水器在马里亚纳海沟成功坐底，坐底深度10 909米。

海洋里蕴含丰富的矿物资源。目前勘探到的有稀锰结核、石油、海底热液矿藏、镍、铜、钴等。稀锰结核可用于制造坦克、钢轨等；石油的用途最广泛，被称为"工业的血液"，最常见的是提炼汽油，用于汽车的动力；镍主要用于生产电池；钴用于制取合金。

海洋里有多种生物。水面至水下200米的光照区里生活着大量的浮游生物、海藻、珊瑚等。除鱼类、哺乳动物、爬行动物外，还有大量的海洋无脊椎动物，如水母、头足类动物等。生活在水下200米至1 000米弱光区中的生物多数长有大大的眼睛和发光器官。还有一些动物白天躲在弱光区，夜间则到浅层水域寻找食物。水下1 000米以下的深海区太阳光照不到，终年漆黑一片，很少有沉落的食物，也少有动物生存。

如今，世界海洋开发规模不断扩大，开发范围从浅海向深海延伸。2012年6月，随着"蛟龙号"载人潜水器在马里亚纳海沟成功潜至7 062米海底并开展作业，我国具备了载人到达全球99.8%以上的海底进行作业的能力。

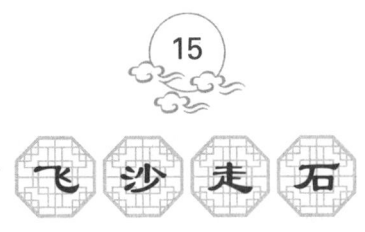

15 飞沙走石

【释义】 沙土飞扬,小石块滚动。形容风势猛烈。

【出处】 任华《怀素上人草书歌》:"飞沙走石满穹塞,万里飕飕西北风。"这句诗是作者描绘著名书法家怀素上人的书法作品,形容他写在纸上的字仿佛有尘土飞扬、石块滚动的气势,让人仿佛感受到凛冽的西北风。

【反义】 风和日丽

科普知识

一些自然现象几乎每天陪伴着我们,比如日出日落、四季变化、刮风。任何自然现象的背后都有科学道理,如果我们能把习以为常的自然现象解释得清清楚楚,一定是一件很了不起的事情。

风,其实是一种空气流动的现象,是由于气压分布不均匀而产生的。大气运动包括垂直运动和水平运动两种方式。太阳光照射在地球表面,使得地面受热不均,空气就会做垂直运动（受热上升，冷却下降）。上升运动在近地面形成低压，高空形成高压；下降运动在近地面形成高压，高空形成低压。这样一来，同一水平面上气压高低不同，形成了梯度，空气便由高气压流向低气压，于是风就产生了。

风既有方向，也有大小，即风向和风速。在夏季，我们常在天气预报中听到第几号台风将从东南沿海某处登陆；在冬季，又常听到未来多少天，某地受西伯利亚冷空气影响将出现大风降温天气。

自然界的事物都是有规律的，风也不例外。比如天气预报中常提到的"季风"。季风，是指一年内大范围盛行风向随季节有显著变化的风。我国东邻太平洋，在夏季，因大陆气温高于海洋，低层气压相应较低，风由海洋吹向大陆，形成湿热的东南季风，俗称"夏季风"；在冬季，大陆气温低于海洋，气压相应较高，风由陆地吹向海洋，于是形成干冷的西北季风，俗称"冬季风"。

事物都有两面性。风能为人类造福，比如带来滋润大地的雨水。同时，风也会给人类带来灾难，比如台风和龙卷风的出现就不是什么好事情。

夏秋季节，我国沿海地区常遭受台风的侵袭。台风，是指发生在北太平洋西部风力达12级或以上的热带气旋。习惯上亦泛指各强度等级的热带气旋。台风形成后，常自东向西或西北移动，速度一般为10~20千米/时，当进入中纬度的西风带后，即转向东或东北。袭击我国的台风，以7—9月最为频繁。台风的破坏力很大，常有狂风、暴雨，沿海岸伴有风暴潮，会造成重大灾害。

龙卷风是从积雨云中伸向地面的一种范围很小、破坏力极大的空气涡旋。发生在陆地上的叫"陆龙卷"，发生在水面上的叫"水龙卷"。龙卷风是一种旋转力很强的猛烈风暴，风速最大可达每秒100米及以上。

人类的发展史，就是同大自然作斗争并合理利用大自然的历史。作为一种常见的自然现象，风的开发和利用早已进入人们生活的多个领域，成为人类不可或缺的能量来源。

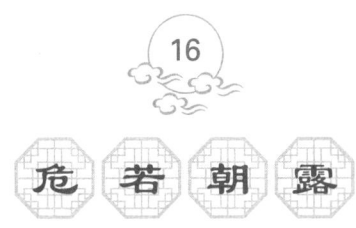

危若朝露

【释义】 朝露:早晨的露珠,阳光一照射便很快消失。指情况急迫,极其危险。

【出处】 司马迁《史记·商君列传》:"君之危若朝露,尚将欲延年益寿乎?"这句是赵良劝诫商鞅的话。商鞅在秦国变法,触动了一些权贵的利益。赵良认为商鞅的处境极其危险。司马光《资治通鉴·唐纪二十》:"今李氏危若朝露,汝诸王不舍生取义,尚犹豫不发,欲何须邪!"这句话是指唐王朝的李氏皇族处于被武则天改朝换代的危险境地。

【近义】 危如累卵　岌岌可危

【反义】 安如泰山

科普知识

清冷的早晨,我们在小草、树叶和花朵上常常会看到一颗颗晶莹剔透的水珠,这就是露水。露水是空气中水汽凝结在地面或物体表面的液态水。

晴朗无云的夜间，地面热量散失得很快，地面温度迅速下降。温度降低后，空气含水汽的能力减小，大气低层的水汽就会附在草上、树叶上、花朵上等，并凝成细小的水珠，即露水。

夏季水汽蒸发快，冬季温度低容易凝结成霜，所以春秋两季是形成露水最多的季节。露水在大气相对稳定、风小、天空晴朗少云、地面热量散失快的条件下才能形成。如果夜间天空有云，地面就像被盖上了棉被，热量遇到云层后，一部分折回大地，另一部分则被云层吸收，被云层吸收的热量以后又会慢慢地回到地面，使地面的气温不容易下降，这种情况下露水就难出现；如果夜间风较大，风使上下空气交流，增加近地面空气的温度，使水汽扩散，露水也很难形成。

露的量虽然有限，但在少雨或干旱季节有利于作物的生长和发育。位于沙漠地区的国家，露水还是重要的水源。在某些国家，人们会用塑料布收集露水，以便灌溉农田。

在我国古代，有记载称露水有神秘功效。比如，《红楼梦》中所写林黛玉吃的冷香丸，需要采用几年的露水来制；明朝李时珍的《本草纲目》上记有："百草头上秋露，未晞时收取，愈百疾，止消渴，令人身轻不饥，肌肉悦泽。"据说，在古罗马时代，颇为流行的处方开头都写道："喝下一罐新鲜的露水。"但是,这些没有足够的科学依据,不足为信。

东汉末年政治家、文学家曹操在《短歌行》中吟诵道:"对酒当歌,人生几何!譬如朝露,去日苦多。"露水来去匆匆,用"朝露"比喻人生,感觉生命有了紧迫感。所以,我们应当抓紧时间学习,不浪费大好光阴。

● 成语与自然现象

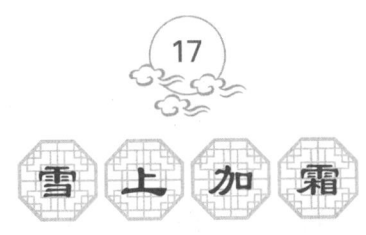

17 雪上加霜

【释义】 比喻灾祸接连而至，苦上加苦。

【出处】 释道原《景德传灯录·大阳和尚》："师云：'汝只解瞻前，不解顾后。'伊云：'雪上更加霜。'"这里两人对话的意思是，如果只想着向前望，不回头看，灾祸会接连而至。李汝珍《镜花缘》："大贤暂停贵手！世子跌到如此光景，命在垂危，避风还恐避不来，如何反用扇扇？岂非雪上加霜么？"这句话的意思是，世子受伤，伤情严重，应避风静养，扇扇只会让病情更加严重。

【近义】 祸不单行

【反义】 锦上添花

科普知识

我们熟悉的《二十四节气歌》中有两句是这样写的："秋处露秋寒霜降，冬雪雪冬小大寒。"这两句涉及的都是秋天和冬天的节气，其中，霜降是秋天的最后一个节气。霜降一到，意味着天气逐渐变冷。但是，霜降节气并不代表就会有霜降临大地。那么，霜到底是一种什么样的自然现象呢？

霜，是指贴近地面的空气受地面辐射冷却的影响而降温到0℃以下，在这个温度以下的空气中，水汽含量超过饱和状态，从而在地面或物体上凝华而成的白色冰晶的现象。霜通常出现在秋季至春季的时间段。在秋季的某个早晨走过菜地或者花园，如果你看见叶片上湿漉漉的，而且呈白色，不仔细看会误以为是夜间下了一场小雪，其实这就是霜。霜的降临总是很短暂，随着太阳的升高，温度升高，霜便融化了。

那么，在什么天气条件下容易形成霜呢？

霜一般形成于寒冷季节里晴朗微风或者无风的夜晚。天气冷，空气中的水汽才容易凝结，晴朗的夜晚因为没有云，大气辐射强烈，微风能把湿润的空气缓慢地吹到物体的表面。在这种天气条件下，霜容易形成。需要明白的是，风太大时，即便天气寒冷，也不会形成霜。这是因为湿润的空气跟物体接触的时间短，不能稳定地附着在物体表面。

霜和露一样，对植物都有补充水分的作用。在阳光的照射下，霜很快融化，融化后的水成为植物获取水分的一个来源。除此之外，霜还是好天气状况的"预报员"。如果看到薄霜，接下来的几天将是晴好天气。这一现象被人们发现，并总结出"霜重见晴天"的谚语。

不过，霜有时也会"发脾气"，展现出它的破坏力。如果我们常看新闻，关注天气，会发现有一种自然灾害叫霜冻。

霜和霜冻是有区别的。

霜冻通常指一种较为常见的农业气象灾害。当地面温度和农作物的表面温度低到影响作物生长时，霜冻就产生了。为了避免霜冻带来的危害，人们会在庄稼地里生几堆火，用火产生的烟增加植物表面的温度，驱散霜冻。或者采用覆盖薄膜的方法给农作物保温等。

知道霜的形成过程，大家肯定发现了一个现象：霜有利于植物生长，霜冻却给农作物带来危害。所以，凡事有好的一面，也有坏的一面，我们要把握其"度"，合理、适度利用大自然，扬长避短，造福人类。

18 惊涛骇浪

【释义】 涛：大波浪。骇：使惊惧。令人惊惧的大波浪。比喻险恶的环境、遭遇或艰难的考验。

【出处】 王粲《浮淮赋》："凌惊波以高鹜，驰骇浪而赴质。"这篇文章讲述了军队出征的盛况。这句话的意思是，出征的战船，凌驾于高起的浪头上，奔驰于汹涌的波涛中，勇往直前地奔赴战场。陆游《长风沙》："江水六月无津涯，惊涛骇浪高吹花。"这句诗的意思是到了农历六月，江水浩大，无边无际，看不到堤岸；波涛翻卷，仿佛一朵朵巨大的花。李汝珍《镜花缘》："闻仙姑谪在岭南，年未及笄，遍历海外，走蛮烟瘴雨之乡，受骇浪惊涛之险。"这句话是形容仙姑有过很多惊险的经历。

【近义】 大风大浪

【反义】 风平浪静

科普知识

人们经常用到"惊涛骇浪"这个成语，可是细想一下，什么力量可以产生巨大的海浪呢？这又是一种怎样的情景呢？

这时，就不得不提到海啸。海啸是一种破坏性极强的海浪。当海啸发生时，它能在很短的时间里从海面冲到陆地，给人类带来巨大灾难。

据历史记载，迄今海底地震引起海啸次数最多。我们知道地震是一种威力极大的自然灾害，既可能发生在陆地上，也可能发生在海底。就如同我们扔一个小石头到水池里一样，会产生一圈一圈向外扩散的波。地震产生地震波，当海底形成一次级别非常大的地震时，其地形会发生急剧的上升或下降，这种变化能引起海水扰动，并以波的形式一圈一圈向外扩散。这种海啸波的波长可达数百千米，能到海底深处，几个小时就可以横过大洋，到达陆地后会产生巨大的破坏力。

最令人心惊胆战的是，海啸波在茫茫的大洋里波高不足一米，看起来似乎并没有多大的破坏力，一旦海啸波到达海岸浅水地带，波长减短而波高急剧增大至数十米，形成含有巨大能量的"水墙"，会冲毁堤岸和桥梁，淹没陆地和房屋，夺走人们的财产乃至生命。

历史上几次大海啸

1960年5月，在智利中南部的海底发生了强烈地震，引发了巨大的海啸，导致数万人死亡和失踪，沿岸的码头全部瘫痪，约200万人无家可归，这是世界上影响范围最大，也是最严重的一次海啸灾难。

18 惊涛骇浪

1978年7月17日,西太平洋距离巴布亚新几内亚西北海岸12千米的俾斯麦海区发生了7.1级强烈地震,20分钟后发生5.3级余震。之后一切似乎又恢复了平静,居住在巴布亚新几内亚西北海岸与西萨诺潟湖之间狭长地带的近万村民,万万没想到更大的灾难即将降临。一种异样的隆隆声由远而近,村民们纷纷出来看热闹,转眼间,巨浪呼啸着横扫而来,附近7个村庄顿时被淹没在海浪之中。仅仅几分钟,西太平洋这座风光迷人的度假乐园变成了人间地狱。

2004年12月26日,印度洋发生海啸。统计数据显示,此次海啸仅次于1960年智利大地震引发的海啸,造成15.6万人死亡,这可能是世界200多年来死伤最惨重的海啸灾难。

海啸,让人类对大自然充满敬畏。

19 天昏地暗

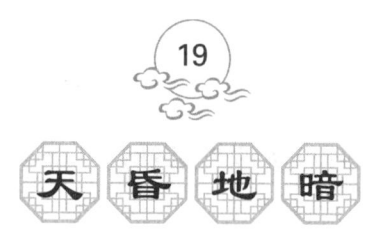

【释义】形容天地昏暗无光或形容社会黑暗或境遇令人绝望。形容争斗、闹腾得十分厉害。

【出处】韩愈《龙移》："天昏地黑蛟龙移,雷惊电激雄雌随。"这句诗描写的是传说中的龙飞动的情形。蛟龙飞动时天地昏暗,电闪雷鸣相伴而来。吴承恩《西游记》："只杀得天昏地暗鬼神惊,日淡烟浓龙虎战。"该成语在这句中用于描述孙悟空与金角大王、银角大王争斗的激烈场面。

【近义】暗无天日　昏天黑地

【反义】天朗气清　晴空万里

科普知识

如果生活在北方的一些地区,你或许有过这样的经历,在三、四月间的某一天,上午还阳光明媚,下午突然刮起风,不一会儿整个天空变得昏黄。空气中飘浮着细小的颗粒,随风到处乱钻,人们的口鼻里、衣服上,汽车的车顶上,靠窗的桌子上都有它的身影。这种扬沙天气背后的推手就是沙尘暴。

沙尘暴是一种风挟带大量尘沙、干土而使空气混浊、天色昏黄的天气现象。主要由大风卷扬地面尘沙所致,是干旱和半干旱地区常见的气象灾害。强干冷锋在疏松沙尘地面过境时,往往出现强烈沙尘暴的推移。这些强风会将裸露干燥土壤的大量沙尘卷入大气,并将其输送到千里之外。这也就很好地解释了为什么蒙古国发生的一场沙尘暴却让我国北方大范围出现扬沙天气。

沙尘暴的形成需要以下三个条件:一是地面上的沙尘物质。它是形成沙尘暴的物质基础。二是大风。这是沙尘暴形成的动力基础,也是沙尘暴能够长距离输送的动力保证。三是不稳定的空气状态。这是重要的局地热力条件。沙尘暴多发生于午后、傍晚说明了局地热力条件的重要性。

沙尘暴会给人类带来诸多不良影响。首先,影响人的健康。大量的沙尘到处弥漫,致使空气混浊,这会引发眼、鼻、口腔、呼吸道等多方面的疾病。其次,影响人们正常的生产生活。沙尘暴使地表层土壤风蚀,加剧沙漠化;覆盖在植物叶面上厚厚的沙尘会影响正常的光合作用,造成作物减产;沙尘暴如同给天空撑起了一把遮阳伞,使地面处于阴影之下,变得昏暗，致使气温急剧下降。最后，阻碍交通运输。飞机不能准时起飞、降落，严重时造成火车、汽车停运等。

万事万物都不止一面。沙尘暴危害很大，但是它也有对人类有益的地方，比如黄土高原的形成，就得益于成千上万年的沙尘累积，而沙尘暴中带有的碱性物质能起到抑制酸雨的作用，改善土壤的酸化。

近年来，随着我国对环境保护的高度重视，以及植树造林、退耕还林等举措的有力实施，往日北方地区春天便遭受沙尘暴的境况得到了有效改善。

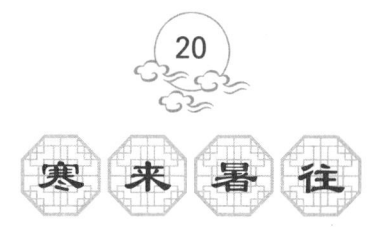

20 寒来暑往

【释义】 寒冬来到了,酷暑过去了。指四时更替。也泛指时光消逝。

【出处】《周易·系辞下》:"寒往则暑来,暑往则寒来,寒暑相推,而岁成焉。"这句话的意思是,冬天过去夏天就到了,夏天过去冬天就到了,这就是一年。周兴嗣《千字文》:"寒来暑往,秋收冬藏。"这句话的意思是,冬天来到夏天过去,秋天收获庄稼,冬天贮藏粮食。

【近义】 光阴荏苒

科普知识

春风吹,夏雨落,秋霜降,冬雪飘。大家知道,一年分为春、夏、秋、冬四个季节,每个季节三个月,四个季节合起来正好十二个月,是一年。春去夏至,秋逝冬来,寒来暑往,四季交替,这其中蕴含着什么科学道理呢?

宇宙中的地球就像调皮的小孩一样活泼好动,一刻也停

成语与自然现象

不下来，它绕着地轴自西向东不停地自转。地球的自转带来了日升日落，昼夜交替。在自转的同时，地球还围绕着太阳公转，公转一圈就是一年。

我们看到的地球仪，它并不是直直地竖在底座上，而是有一定倾斜。轻轻一拨，地球仪便围绕着固定轴转动起来，我们可以把它想象成地球的自转。举着转动的地球仪绕着爸爸或者妈妈转圈，可以把它想象成地球的公转。宇宙中的地球就是这样侧着身子公转的，地球的自转轴与地球围绕太阳公转的轨道平面之间有一个夹角，这个夹角使得太阳光并不总是直射赤道，而是在赤道两侧交替移动。我们生活在北半球的温带地区，当太阳第一次直射赤道时，我们经历的季节是温暖的春季。随着地球公转，阳光直射点不断向北移动，北半球得到的阳光越来越多，这时炎热的夏季就来到了；太阳直射北回归线时，就是夏至。此后，阳光直射点又慢慢南移。当阳光再一次直射赤道时，就到了凉爽的秋季。当阳光直射点慢慢向赤道以南偏移，北半球得到的阳光越来越少，寒冷的冬季就开始了。

需要注意的是，地球的南、北半球经历的季节正好是相反的：当我们经历炎热的夏季时，生活在南半球的朋友们正在滑雪；当我们打雪仗、堆雪人时，生活在南半球的朋友们却穿着短袖短裤在海边堆沙堡。

我国传统的四季划分,以二十四节气中的"四立"(立春、立夏、立秋、立冬)作为四季的始终点,比如春季以立春为始点,以立夏为终点;夏季以立夏为始点,以立秋为终点。

中国是一个历史悠久的农业文明古国。古人极其重视春、秋这两个代表播种和收获的重要季节的祭祀,"春秋"二字由此衍生出更多的含义。岁月悠久,叫"千秋万代";形容人正当壮年,叫"春秋鼎盛"。古代鲁国史官记录当时各国发生的重大历史事件,按年、季、月、日编排,一年分春、夏、秋、冬四季记录,因此把这部编年史取名为《春秋》。孔子在鲁国史官所编《春秋》的基础上整理、修订,使之成为儒家经典之一。

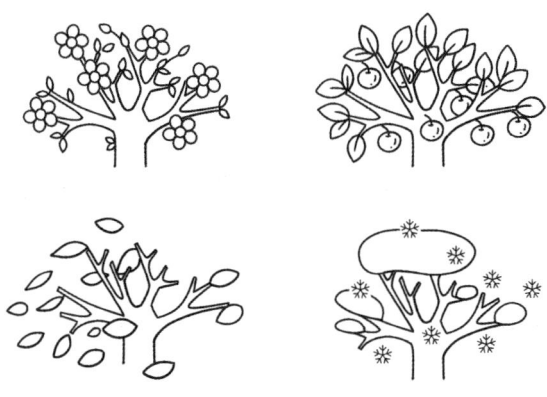

星火燎原

【释义】 燎原:烧遍原野。燎:延烧。一点小火星,可以烧遍整个原野。现常用以比喻开始显得微弱的革命力量或新生事物,很快就能发展壮大,有无限远大的前途。

【出处】《尚书·盘庚上》:"若火之燎于原,不可向迩。"这句话的意思是,如同火在原野上延烧,不能靠近。王浚卿《冷眼观》:"石逆一日不能就擒,则粤匪一日不能视为肃清,养痈成患,死灰难保无复燃之时;星火燎原,粉饰岂得谓升平之福哉!"这是晚清时期的一部谴责小说。这句话的意思是,石达开不被擒获,那么就不能认为广东的匪徒被消灭了,养痈为患,难保死灰也有重新燃烧起来的时候;一点火星就能烧遍整个原野,掩盖问题怎么能得到天下太平的生活呢?

科普知识

火,大家都不陌生,因为火与人们的生活息息相关。但大家对火的了解可能还不是太深刻,让我们重新认识一下火。

21 星火燎原

普罗米修斯不忍心让人间百姓遭受没有光明和寒冷的苦难,就从天上偷了火种给人间,人间百姓才有了光明和温暖。这是古希腊神话中火诞生的传说。

从另一个角度分析,从天空到地面的距离非常远,火可能撑不到普罗米修斯落地就已经熄灭了。火之所以能够持续燃烧,是三个神奇的东西共同造就的,它们是可燃物、燃点和氧化剂。

为了让大家更好地认识火,科学家把火的"身体"分成三部分,还给每一部分都取了名字,并详细介绍了它们的特点。火分为外焰、内焰和焰心三层,其中外焰温度最高,焰心温度最低。

大家能够看到火,并且看到不同"肤色"的火,是因为火从出现的那刻起就伴随着燃烧,并且散发出温度和热量。火的颜色随温度发生变化:温度上升,火开始从红色、橙色变为黄色、白色;温度继续升高,火开始变为青色、蓝色和紫色。我们常见的是红橙色的火。

火不仅可以带来光亮,让我们的生活不再被黑暗笼罩,还可以带来温暖,让人们不再遭受寒冷的痛苦。但是,火也会给人们带来灾难。比如,把没有掐灭的烟头扔在杂物上,火就可能出现在大家面前;如果没关好煤气,没有规范使用电器等，这些因为粗心导致的错误行为都可能引发火灾，导致很严重的后果。

还有一些原因会使火出现。比如，长时间高温无雨，森林里的枯枝败叶被晒到一定程度，就会造成火灾。

试着想象一下，假如世界上没有火的出现，我们的生活会是什么样子？

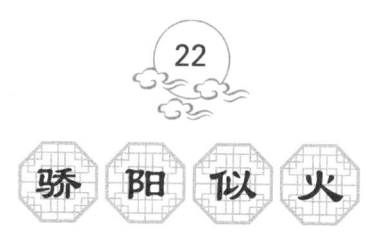

骄阳似火

【释义】 骄阳：炽热的阳光。比喻阳光异常炽热。

【出处】 吴若增《翡翠烟嘴》："七月里，骄阳似火，棒子已经长到一人多高了，钻进去锄草，又闷又热，让人喘不过气来。"李达丽《四川台胞陆丰寻祖》："热风袭人，骄阳似火，祖地的乡亲不顾劳累，穿竹林，跨田坎来到兴宁排廖家祠堂。他们找到了老廖的祖先（到台湾第一代）带崇公的名字。"

【反义】 冰天雪地 天寒地冻

科普知识

太阳是一个巨大而炽热的气体星球，其体积约为地球的 130 万倍，质量是地球的 33 万倍左右。它的组成成分中 3/4 是氢，剩下的几乎都是氦，还有少量其他元素。在太阳内部极端高温、高压的条件下，氢原子发生热核反应，最终 4 个氢原子核聚合成 1 个氦原子核。在这个物质转变的过程中，有一小部分质量会损失。科学家爱因斯坦研究出质量和能量的关系，并提出著名的质能方程 $E=mc^2$。根据这个方程可以看出，一点点的质量就可转化成数值十分巨大的能量。所以，在太阳内部发生反应的过程中"丢失"的小部分质量可以转化成巨大的能量。这个产能原理类似于地球上的氢弹爆炸。在太阳的核心，每秒燃烧 6 亿吨氢，其中大约 0.7% 的质量转化成能量。这一能量是极其巨大的，如果将这些能量都汇聚到地球上，只需几秒钟就能把海水全部蒸发！我们可以形象地说，正是太阳核心区域持续不断地发生无数的大规模的"氢弹爆炸"，为太阳提供了源源不断的能量。

从我们人类的视角看，辐射到太空的太阳能绝大部分被浪费了，只有约十亿分之一的能量分配给了太阳系大大小小的天体，而地球能够获得太阳总辐射量的二十二亿分之一。地球最后接收到的能量中，还有很大一部分又反射回了太空。即便如此，太阳提供给地球的能量仍然是巨大的。据科学家测算，地球得到的太阳总能量相当于 1 000 多万座三峡大坝的发电总量。正是依靠这些能量，地球保持了适宜的温度，养育了亿万多姿多彩的生命。如果没有太阳，大地一片漆黑死寂，所有的生命都将凋亡。

4 000 多年前，我们的祖先用肉眼观测到太阳里有阴影

（其实是太阳黑子），而且这些阴影的形状像3条腿的乌鸦，所以，后来人们常用"三足乌"代指太阳，由此太阳也生发出"金乌""赤乌""阳乌"等别称。扶桑，中国古代传说中的神树，由两棵相互扶持的大桑树组成。太阳女神羲和的儿子金乌从此处驾车升起，扶桑作为日出处，后来人们也用它代指太阳。

与太阳有关的中国神话故事，一个是夸父逐日，一个是后羿射日。那位与太阳赛跑，渴死在半路上的巨人，那位弯弓搭箭，射下九个太阳的英雄，他们的故事无不蕴含着古代人民战胜自然、改造自然的美好愿望。

23 看风使舵

【释义】比喻为人处世圆滑，善于随机应变。

【出处】夏敬渠《野叟曝言》："休说奴隶之辈得势则聚若蝇蚊，失势则散若鸟兽，甚至卖主求荣者颇多，即衣冠名教中，讲说道学、夸谈经济者，少什么看风使舵、临危下石之人？"这个成语含贬义，这句话讽刺、慨叹世间有不少处世圆滑的人。

科普知识

早上，师傅对新收的徒弟说："出去看看今天是什么风向，看看我们能不能出海打鱼。"徒弟出门一会儿又回来问："怎么个看法？"师傅说："拿样东西抛向天空，看它落到哪儿。"徒弟恍然大悟，出门找了块砖头，不一会儿回来说："师傅，刮的是下风。"

这虽然是一个笑话，但师傅提出的问题十分现实。船在大海上航行必须时刻注意风向，顺风航行速度快、省劲，遇到逆风如果不及时根据风向调整航向，极有可能落得船毁人亡的下场。

气象学上把风吹来的方向称为风向。风来自北方叫作北风，来自南方叫作南风。气象站预报天气时，当风向在某个方位左右摆动不能确定时，加一"偏"字，如偏北风、偏南风。当风力很小难以测定时，用"风向不定"来说明。测定风向的仪器叫风向仪，风向标的箭头指向哪个方向，就表示当时刮什么方向的风。

那么，生活中我们该如何简单判断风向呢？好莱坞大片《加勒比海盗》中，主人公杰克·斯帕罗船长把手指含在嘴里浸湿后迎风竖起测风向，不过这种方法不仅简单粗暴，而且有较大误差。在户外时，我们可以根据旗帜、炊烟、树枝等物体的偏转方向来判断风向。实在不行，扔东西也是个不错的选择，但上面笑话中的徒弟扔砖头不但测不了风向，还可能砸到别人。用塑料袋等质量较轻的物体测风向是可行的。当然，最后记得一定要将扔出去的物体捡回来，不能随意丢弃，以免破坏环境。

看风使舵原本是出海行船应对天气变化的技巧，但是作为一个成语，渐渐演变成贬义的指向，用来指一些人没有自己的立场，随波逐流，跟着情势转变方向。相反，比起见风使舵，人们更推崇"泰山崩于前而色不变""任凭风浪起，稳坐钓鱼船"的态度。当然，那些面对社会巨变而"乘风破浪"、迎难而上的逆行者更加让人敬佩。

日常生活中，我们形容什么都得不到，为什么说"喝西北风"而不说"喝东南风"？其实，这个俗语蕴含着一定的科学道理。西北风由来自西伯利亚的干冷空气形成，较为干燥，我国北方刮的西北风往往伴随着扬沙，严重时还会引发沙尘暴；东南风由暖湿空气形成，水汽含量较高。可以说，"喝东南风"还能喝到一些水汽，而"喝西北风"除了会被塞一嘴沙子是真的什么都喝不到。

在古代战争中，掌握风向的变化规律，是赢得胜利的重要条件之一。历史上著名的赤壁之战中，周瑜采用火攻，火借风势，曹军舟船被烧，大败而退。当然，历史上受风之害的也不乏其人。元世祖忽必烈没有掌握日本海的季风特点贸然发兵，导致两次战争失败。

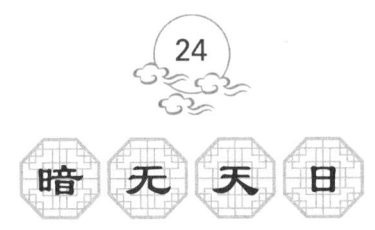
暗无天日

【释义】 看不到一点儿光明。形容社会十分黑暗,也形容没有亮光,十分幽暗。

【出处】 蒲松龄《聊斋志异·鸦头》:"妾幽室之中,暗无天日,鞭创裂肤,饥火煎心,易一晨昏,如历年岁。"这句话形容自己的凄惨遭遇。我身处幽暗的房子,这里没有丝毫的亮光,还要遭受鞭打以致皮开肉裂,饥饿的感受如同心在火上煎熬,仅仅是过去一天,感觉却如一年般漫长。

【近义】 漆黑一团　昏天黑地　天昏地暗

【反义】 重见天日　云开见日

科普知识

太阳带给万物温暖和光明,人们无法想象如果没有太阳,生活会有多糟糕。在科技还不发达的古代,日食现象发生,人们在某个白天突然看到太阳一点点地消失,不是被云雾遮挡,而是被黑暗吞噬,他们该有多么恐慌和绝望啊!所以,世界各地曾出现多种与之相关的神话传说，如我国的"天狗食日"。日食是一种非常奇特的天文现象，经历时也许你会有一种恍惚的感觉，头顶的太阳突然有一大块消失不见，或者只留下一个环，甚至整个太阳都变得没有影踪，大地上一下子从白天到了晚上。就在你不知所措时，天又慢慢放亮了，太阳还在它原来的位置上。

那么，日食是如何发生的呢？月球是地球的卫星，两者距离相对较近，当月球运动到地球和太阳中间时，月球就会挡住太阳的光线，而将自己的影子投射到地球上。这时，地球上的人便观测到了日食。根据日食发生时阴影的大小，可分为日偏食、日全食和日环食。

我们先来了解日偏食。月球遮挡太阳的光线，会产生两部分影子，一部分是完全黑暗的影子，一部分是半明半暗的影子。当地球上的人处在月球投射的半影区时，就会观测到原本圆形的太阳缺失了一块。这就是日偏食。日偏食是日食家族中最常见的。

日全食出现的概率比较低。太阳的直径大概是月球的400倍，而太阳与地球的距离正好也是月球与地球距离的400倍。当月球完全处于地球和太阳之间时，对那些完全处于月球阴影中的人来说，太阳的表面便被完全遮挡住了，太阳变成了黑色。这就是日全食。

日环食，顾名思义就是太阳中心变成黑色，周围有环形的亮光。这是因为当月球处于远地点时，月球的本影不能到达地球；到达地球的是由本影延长出的伪本影。此时月球的视直径略小于太阳。因此，这时太阳边缘的光仍可见，形成一个绕在月球阴影周围的亮环。

虽然不是"千载难逢"，但观测日食需要在特定的时间和特定的区域。如果能亲自体验，也是人生一大幸事。需要千万注意的是，观看日食前，需要准备专用的工具。太阳光度不是肉眼可承受的，即便发生日食，光被遮挡住了，它的能量也不可小觑。所以，千万不能直接用肉眼观看太阳，需要使用合格的太阳观测镜，而且每次只能观测几秒钟，以免视网膜被灼伤，造成永久性的视觉伤害。

成语与自然现象

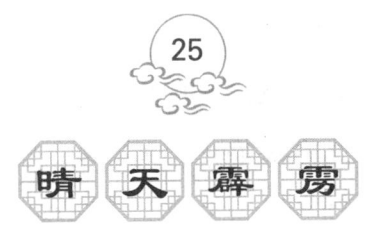

25 晴天霹雳

【释义】 晴天突然响起了霹雷。比喻意外的变故。

【出处】 陆游《四日夜鸡未鸣起作》诗:"放翁病过秋,忽起作醉墨。正如久蛰龙,青天飞霹雳。"这四句诗的意思是,我(放翁)在病中经历秋天,一日忽然起来研磨写字。正如往日蛰伏的蛟龙,在天空中发出霹雷。《续传灯录·洪州法昌倚遇禅师》:"忽地晴天霹雳声,禹门三级浪峥嵘。"这两句诗的意思是,晴朗的天空中忽然出现霹雳声,黄河禹门水流湍急,波浪汹涌。

【近义】 祸从天降 平地风波

【反义】 喜从天降

科普知识

雷电是一种伴有闪电和雷鸣的天空放电现象。雷电一般产生于对流发展旺盛的积雨云(一种云,云体厚而庞大,远看像耸立的高山)中,常伴有强风和暴雨,有时还伴有冰雹和龙卷风。积雨云顶部高可达 20 千米，云的上部常有冰晶。随着冷空气急速下降和热空气急剧上升，这些冰晶和云中的小水滴发生高速碰撞，带上了电荷。云中电荷的分布较复杂，但总体而言，云的上部以正电荷为主，下部以负电荷为主。因此，云的上部和下部之间形成一个电位差。当电位差达到一定程度后，就会放电，这就是我们常见的闪电现象。放电过程中，由于闪电通道中温度骤增，使空气体积急剧膨胀，从而产生冲击波，导致强烈的雷鸣。

云内产生电荷的同时，地面因为静电感应也积聚了大量的正电荷，这样地面和积云之间形成强大的电场。当电场强度和地面积聚的电荷密度达到空气游离的临界值时，会出现云地闪，也就是云向地面放电的现象。古时候人们说的霹雳，就是这种云和地面之间发生的强烈雷电现象，也叫落雷。它的响声很大，对人畜、植物、建筑物等造成的危害很大。引发重大灾害的云地闪，放电时产生的能量巨大，瞬间电流有几万至几十万安培，电火花的温度可超过 30 000 ℃，电压能达到 1 亿多伏。

有资料表明，在任何给定时刻，世界上都大概有 1 800 场雷雨正在发生，每秒大约有 100 次雷击。乌干达首都坎帕拉和印尼的爪哇岛，是最易受到闪电袭击的地方。据统计，爪哇岛有一年竟有 300 天发生闪电。而历史上最猛烈的闪电，出现在1975年,闪电袭击了津巴布韦乡村乌姆塔里附近的一幢小屋,造成21人伤亡。

因为自然界的雷电声响巨大,威力无穷,人们便用它来形容一些人和事物。例如霹雳炮,北宋末年发明的火炮,威力巨大,声如霹雳,由投石机发射。北宋靖康元年(1126年),金兵围攻北宋首都汴京(今河南开封),大臣李纲在守城时曾用霹雳炮击退金兵。南宋绍兴三十一年(1161年),宋军将霹雳炮装备在水师舰船上,名将虞允文在采石矶用它打败金兵。

"霹雳火"秦明,是中国古典小说《水浒传》中的人物,梁山一百单八将之一。因其性格急躁,声若雷霆,故而人称"霹雳火"。他善使一条狼牙棒,在一系列战斗中屡立战功。大聚义排座次时,在梁山排第7位,上应"天猛星"。

瑞雪兆丰年

【释义】 瑞：吉祥。兆：预兆。及时的好雪预兆着丰收年景。

【出处】 林英《第一场雪》："俗话说：'瑞雪兆丰年。'这句话有充分的根据。"曲波《桥隆飙》："俗话说：'瑞雪兆丰年。'明年的小麦一定收成好。"

【反义】 虾荒蟹乱

科普知识

北方的冬天非常寒冷，有时下雪。雪花晶莹剔透，非常美丽。这些冬天的精灵是如何形成并降落下来的呢？

冬季气温降到 0 ℃ 以下时，热空气在上升的过程中逐渐冷却，空气中的水汽凝结成微小的冰晶。小冰晶在云里相互碰撞，不断合并成较大的冰晶。当它们大到一定程度，空气再也托不住的时候，冰晶从云中掉下来。如果低层大气的温度较高，冰晶融化成液态的水滴，形成降雨；如果低层大气温度较低,高空的小冰晶聚集在一起,就以雪花的形式降落到地面上。虽然降雪时大气中需含有较冷的冰晶和充足的水汽,但有时冷空气相当强烈,并带着湿气,在1~10 ℃的气温条件下同样会降雪。落在地上的雪融化时吸收热量,所以雪融化时气温比下雪时低,这就是谚语"下雪不冷化雪冷"中蕴含的科学道理。

雪有利于农作物的生长发育。雪的导热本领很差,具有很好的保温效果,土壤表面盖上一层雪被,可以减少土壤热量的外传,阻挡雪面上寒气的侵入,所以受雪保护的庄稼可以安全过冬。来年开春雪融化,又可以为庄稼提供必要的水分。雪还能增强土壤肥力。据测定,每1升雪水里,约含氮化物7.5克。雪水渗入土壤,就等于施了一次氮肥。此外,雪融化时形成的低温能消灭害虫,可减少来年虫害的发生。

对城市中的人来说,下雪可能只是改善了空气质量,增加了游玩的乐趣。对在农田劳作的农民来说,下雪是实实在在的帮助。厚实的雪给庄稼盖了一床被,又湿润又松土,预示着第二年的丰收,正所谓"冬天麦盖三层被,来年枕着馒头睡"。

南朝时期刘义庆的《世说新语》中讲了这样一个与雪有关的故事:在一个寒冷的下雪天,东晋时期政治家谢安举行家庭聚会，跟子侄们讲解诗文。不一会儿，雪下大了，谢安高兴地问："这纷纷扬扬的大雪像什么呢?"谢安哥哥的儿子谢朗说："差不多可以比作撒在空中的盐。"谢安哥哥的女儿谢道韫说："还不如比作柳絮随风飞舞。"谢安听后高兴地笑了起来。"柳絮因风起"的绝妙比喻，由这本书流传下来。人们称赞谢道韫是才女，后来便把在诗文创作方面卓有才华的女子赞誉为"咏絮之才"。

如何不说一个"雪"字而形容雪大？唐朝一个名叫张打油的人写了这么一首诗："江山一笼统，井上黑窟窿。黄狗身上白，白狗身上肿。"这首诗被广为传播，之后人们就把这类用语俚俗、诙谐幽默的诗叫作打油诗。

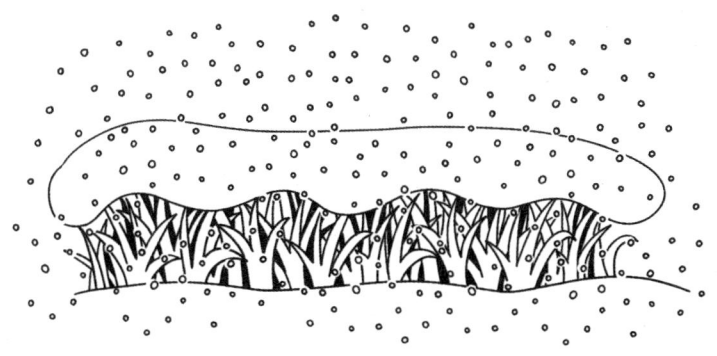

27

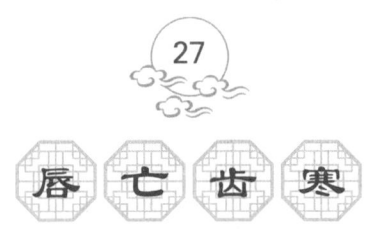

【释义】 嘴唇没有了,牙齿就会感到寒冷。比喻关系密切,利害相关。

【出处】《左传·僖公五年》:"虢,虞之表也。虢亡,虞必从之。……谚所谓'辅车相依,唇亡齿寒'者,其虞、虢之谓也。"这句话的意思是,虢国是虞国的屏障,虢国灭亡了,虞国也必将遭受相同的结果。谚语所说的"颊骨与牙床互相依存,嘴唇没有了,牙齿就会感到寒冷",这就是在说虞国与虢国啊。罗贯中《三国演义》:"明上今不相救,恐唇亡齿寒,亦非明上之福也。"吕布被曹操围困在下邳,派谋士王楷向袁术求救。这句话的意思是,您(袁术)如今不援救的话,恐怕就像嘴唇没有了,牙齿会感到寒冷,也不是您的福气。

【近义】 唇齿相依　辅车相依　休戚相关

【辨析】"唇齿相依"重在表示相互依存,适用面较广。"唇亡齿寒"重在表示丧失一方所造成的后果,多用于国与国之间的关系，也可用于地区之间或集团之间的关系。

【反义】你死我活　势不两立　风马牛不相及

科普知识

"构建人与自然生命共同体"的理念强调人类应尊重自然、保护自然。其中，保护大气环境是一项重要的内容。因为大气和地球的关系很紧密，可以用唇亡齿寒来形容。如果没有大气，地球上的生命将不复存在。

大气对地球有着非常重要的保护作用。宇宙中有许多行星，但是目前只发现地球适合人类生存，其中最重要的一点就是地球具有大气层。地球大气层的成分主要有氮气（78%）、氧气（21%），还有少量的二氧化碳、稀有气体（氦气、氖气、氩气、氪气、氙气、氡气）和水蒸气。其中，氧气保障地球上生物的呼吸作用，二氧化碳为绿色植物进行光合作用提供原料，臭氧可以隔绝紫外线，氮是动植物蛋白质的重要组成部分。它们共同组成了大气，发挥着各自的作用。

不过，在地球诞生之初，大气并不是现在这个"模样"。原始大气的主要成分是水蒸气、氢气、氨气、甲烷、硫化氢、二氧化碳等，并不适宜生命的出现。随着太阳不断向地球辐射热量，地球上丰富的水被分解，氧气不断增加。经过亿万年的演化，地球上逐渐出现了生命，才有了如今生机勃勃的景象。

地球的整个大气层不是一成不变的，按照成分、温度、密度等变化，从下到上可分为对流层、平流层、中间层、暖层和散逸层。其中，与人类关系最密切的是对流层和平流层。人类生活在对流层中，呼吸着其中的氧气，感受着这里出现的云、雾、雨、雪。对流层的厚度不一，低纬度地区的平均厚度为17~18千米，中纬度地区的厚度约为12千米，极地地区的厚度约为8千米。自对流层顶部到距地面约50千米的大气层为平流层，这里的水汽和尘埃含量稀少，气流平稳，是客机飞行的最佳区域。

将大气层分为多层，仅仅是从科学研究的角度做的划分，其实，整个大气层都在保护着地球上的生命。大气层将地球包裹起来，既能在白天让太阳发出的短波辐射照射进来，提供热量，又能在夜间阻挡地表发出的长波辐射，使地球的温差不会太大；既能有效阻挡过量的紫外线，又使水汽在地表和对流层之间循环，不至于散逸到宇宙中，从而保持水汽的平衡。

然而，当人类社会进入工业时代后，大规模的工业制造活动产生了大量污染物，对人类生命和大气都造成了危害。

例如，大量排出的二氧化碳等气体形成温室效应，使得全球温度不断升高，两极冰川融化、极端气候灾害频发；人造的氟氯烃类化学物质越来越多地进入大气层，致使臭氧层逐年变薄，原本被臭氧层阻挡的紫外线，其强度提高，对人体造成损害。

好在人类已经意识到大气对地球保护的重要性，意识到古人所说的"唇亡齿寒"的警示意义，现在保护大气已成为全人类的共识。

成语与自然现象

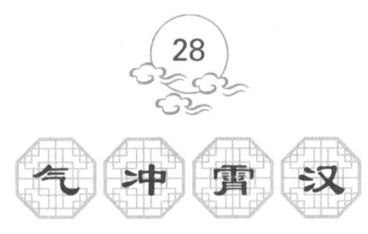

28 气冲霄汉

【释义】霄:云霄,云天。汉:河汉,银河。霄汉:指天空。气势直冲云天,形容气势极盛,气魄宏大,也形容怒气很盛。

【出处】《宋书·武帝纪》:"公精贯朝日,气凌霄汉。"这篇文章称赞南朝时的刘裕平定内忧外患,为国家做出了巨大的贡献。这句话的意思是,您(刘裕)精诚上通朝日,气势直冲云天。陈以仁《雁门关存孝打虎》:"便有那吐虹霓志气冲霄汉,命不济枉长叹。"这句话的意思是,有吞没彩虹、直冲云天的气势,只可惜命运不佳只能徒然长叹。

【近义】气吞山河　气贯长虹

【反义】委靡不振　没精打采

科普知识

大气环流是指地球表面大规模的空气流动。大气环流最重要的意义是使地球上的热量和水汽得到重新分配,人类和自然万物所居住的世界因此呈现出一定的规律性变化。

大气环流的形成原因有四种：一是太阳辐射，地球的自转和公转导致地球表面接受太阳辐射的能量不均等，从而形成大气的热力环流；二是地球本身的自转，地球自转产生地转偏向力，在地球表面运动的大气自然就会受地转偏向力作用而发生偏转；三是地球表面海陆分布不均；四是大气内部南北之间热量、动量的相互交换。

热力环流是大气运动最简单的形式。由于地球的自转和公转，地球表面受到的太阳辐射不均，使得寒冷的高纬度地区和炎热的低纬度地区产生了热量差异。受热地区的大气变得膨胀上升，近地面形成低气压，高空形成高气压；受冷地区相反，从而在近地面和高空的水平面上形成了高低不同的气压差，促使大气的水平运动，形成高低空的热力环流。

如果对全球范围这种大的热力环流没有形象的认识而感到陌生，那么相信现实生活中的热力环流大家会相对熟悉，比如城市的热岛效应。

由于城市中高楼大厦密集，各种硬化的柏油路和水泥路纵横交错，相比于周围拥有大片土壤和植物的郊区，城市地区更容易吸收太阳的热量且不易散热，所以城市地区的升温较快，热量不停地向四周和大气中大量辐射，结果就是同一时间内，城区气温普遍高于周围的郊区气温。高温的城区处于低温的郊区和农村包围之中，如同大海中的一个岛屿，人们把这种现象形象地称为城市的热岛效应。

热岛效应对城市是有危害的。城市中心的温度高于周边，暖空气上升，周围的空气向城市中心流入，造成一种低压气旋。空气中的各种污染物在这种局地环流的作用下聚集在城市上空，如果没有很强的冷空气，城市空气污染将会加重，人类生存的环境会被破坏。

提倡低碳生活，增加城市区域内的绿地面积，可有效改善热岛效应。

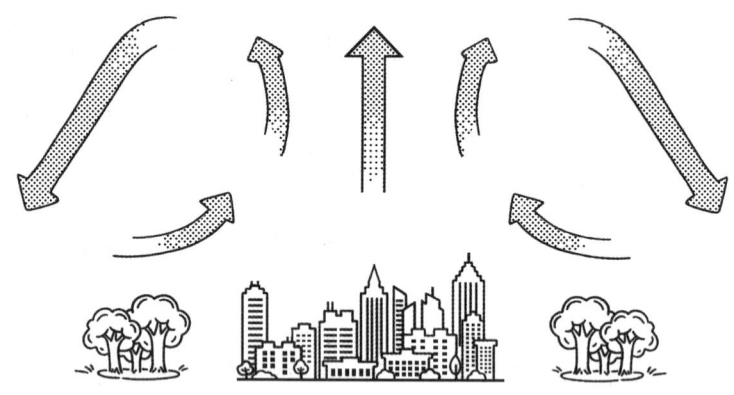

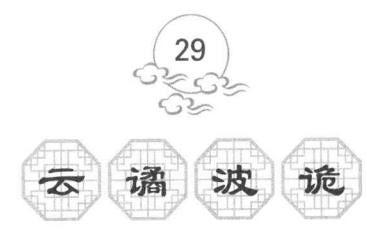

【释义】谲：欺诈。诡：欺诈，奸猾。好像云彩和水波那样，千态万状，不可捉摸。形容事物变化莫测。

【出处】扬雄《甘泉赋》："于是大厦云谲波诡，摧嶉而成观。"这句话的意思是，因此建造的大厦材木叠加，形态万千。曾朴《孽海花》："崇楼杰阁，曲廊洞房，锦簇花团，云谲波诡，琪花瑶草，四时常开。"该成语在句中是与楼阁、廊房、花草一同描绘环境之优美。

【近义】变化多端　变化莫测

【反义】一成不变

科普知识

轻轻飘动的云彩和水波，带给人无限美好的感受。诗人徐志摩在《偶然》一诗中写下这样的诗句："我是天空里的一片云，偶尔投影在你的波心。"让我们跟随着这优美的诗句，一同飞升到高空，去触摸洁白的云吧。

人们常用"片""朵""团"等量词来形容云,其实云是由一颗颗的小水滴和小冰晶组成的。在阳光的照射下,地面和水面的温度升高,水汽开始蒸发,进入大气层。这些升到空中的水汽逐渐聚集,饱和后,多余的水汽析出,它们在高于0℃的环境中液化成小水滴,在低于0℃的环境中凝结成小冰晶。当小水滴或小冰晶聚集得足够多时,便成为人们眼中的云。

云在自然界有着重要作用,深刻地影响着人们的生产生活。

云是调温器。云吸收从地面散发的热量,并将其逆辐射回地面,这是在为地球保温。同时,云将太阳的一部分光线反射到太空,这是为地球降温。都是反射,但是方向不同,结果是有效调节了地球的温度。这一作用与大气层有相近之处。不过,云的质量、密度都比大气高出很多,光线的反射效果更强。

云还是地球水循环系统中的重要一员。云由地面、水面蒸发的水汽形成,当条件适宜时,云就会形成雨、雪、冰雹等,并再次回到地面,补充到土壤和江河湖海中。但并非所有的云都能带来降水。在晴朗的白天,空中也有云飘过,这种云叫淡积云,它的水平宽度大于高度,一片或多片散布在空中。淡积云是连续晴好天气的征兆。会带来降水的主要是浓积云,这种云轮廓分明,垂直高度大于水平宽度。不得不提的是积雨云,这种云会造成雷暴、阵雨、冰雹,偶尔形成龙卷风。它的形状通常高耸,像一座座山峰耸立在空中。巨大的体积蕴藏着丰富的水汽,一块积雨云就是暴雨区中的一个降水单体。积雨云内上升气流非常强烈,垂直速度一般有20~30米/秒,甚至可达60米/秒。上升气流如此强烈,气流中的水滴持续积聚增大,水汽源源不断地输送,上升气流无法托住不断增大的水滴,便会形成暴雨。

抬头看云,云并非高高在上、逍遥自在,它在时刻守护着人类和我们的地球家园。

— 成语与自然现象

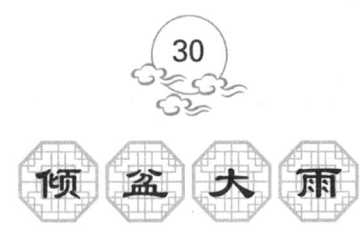

倾盆大雨

【释义】倾盆：大雨倾注，像盆里的水直往下倒一样。形容雨又大又急，像倒下来一样。

【出处】杜甫《白帝》："白帝城中云出门，白帝城下雨翻盆。"魏秀仁《花月痕》："剑秋正催荷生到愉园去，不想红日忽收，黑云四合，下起倾盆大雨来。"

【近义】大雨滂沱　暴风骤雨

【反义】和风细雨

科普知识

雨是一种常见的自然现象，是地球水循环的重要部分。地面的水汽蒸发形成云，云聚集遇冷形成雨，雨补充地球的淡水资源。雨与人们的生活息息相关。

从云到雨，水汽经历了哪些过程呢？水汽升到空中，液化为小水滴。此时，这些小水滴肉眼几乎看不到。小水滴不断聚集，相互碰撞，逐渐扩大，并吸收周围温暖的水汽。随着水滴的体积和质量不断增加，达到一个临界点后，超过空气的承受能力，就会从空中落下，成为我们见到的雨滴。

地球上的大部分地区都有雨水"光顾"，相信很多人也淋过雨。那么，雨滴从万米高空降落，为什么没有产生巨大的冲击力而砸坏地面的东西、砸伤行人呢？原来，雨滴下降的过程中，在空气阻力的作用下，做的不是自由落体运动，原本微小的雨滴落下时当然不会对生物造成伤害。

但是，如果它化身为具有一定体积的冰雹，其威力就不容小觑了。它可能击伤农作物、果树等，也可能砸坏汽车玻璃，造成经济损失；人和动物如果长时间遭受冰雹"袭击"，可能受伤。

适量的降雨可以补充地表淡水，缓解旱情，但是短时间暴雨或长时间降水就可能形成洪涝灾害。

降雨级别划分

小雨：24小时累积降雨量为0.1~9.9毫米。

中雨：24小时累积降雨量为10~24.9毫米。

大雨：24小时累积降雨量为25~49.9毫米。

暴雨：24小时累积降雨量为50~99.9毫米。

大暴雨：24小时累积降雨量为100~249.9毫米。

特大暴雨：24小时累积降雨量在250毫米及以上。

当降水量达到暴雨或大暴雨级别时，山区有出现山体滑坡、泥石流等险情的可能；城市可能出现内涝；江河会出现大坝水位超过安全线的情况。这些都可能危害人类的生命财产安全。

还有一种特殊的雨，那就是酸雨。酸雨是指 pH 小于 5.6 的雨雪或以其他形式出现的大气降水。出现酸雨的主要原因是工业生产排放大量二氧化硫和氮氧化物。酸雨有较大的腐蚀性，可酸化土壤、腐蚀建筑物、影响动植物生长和人体健康；江河湖水酸化，会导致鱼类死亡。

雨既是大自然的恩泽，滋润万物，哺育生灵；又是大自然对人类的惩罚，强降雨会导致洪水泛滥，摧毁人们的家园。保护自然，合理开发利用自然，是我们人类生存的永恒主题。

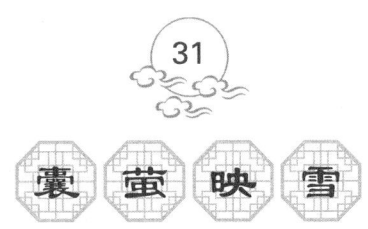

囊萤映雪

【释义】用萤火虫照明读书,借着雪光读书。形容勤学苦读。

【出处】囊萤:《晋书·车胤传》记载,晋代,车胤年少时家贫,苦学不倦,夏天以练囊装萤火虫数十,用来照明,夜以继日地读书;映雪:《孙氏世录》记载,晋代孙康,聪明而好学,家贫无油,冬天常映雪读书。

【近义】凿壁偷光　凿壁透光

科普知识

萤火虫会发光,是因为它的身体里有一种发光细胞。这种细胞含有两类化学物质,一类叫荧光素,另一类叫荧光素酶。荧光素在荧光素酶的催化作用下,与氧气发生化学反应。这个过程形成的能量以光的形式释放,可避免能量转化为热量,把萤火虫烧伤。同时,也造就了文学作品中唯美动人的"流萤"之光。根据科学家的测算,萤火虫身体中的能量转化效率可以达到95%。迄今为止，人类制造出来的所有光源，都没有如此高的效率。

通过研究，生物学家发现萤火虫发出的光主要用来完成定位，并以此吸引异性，这是完成求偶、交配、繁殖等一系列活动的基础。还有一小部分萤火虫，它们利用自己会发光的特点进行捕食。萤火虫在遇到危险时，它们腹部发出的光还会起到警戒作用。

自然界中，除了我们熟知的萤火虫外，还有许多动植物会发光。拿动物来说，有夜光虫、荧光乌贼、发光蚯蚓、栉水母、发光蠕虫、海蜗牛等。概括起来，在一些夜行性动物、深海动物、穴居动物中常见发光动物。目前，人类已经掌握了一些动物的发光原理和作用，但对大部分发光动物的生物学意义，人们所知甚少。比如荧光乌贼，人们只能猜测它发光的作用是为了吸引异性，或者防御、恐吓敌人等。一些深海鱼类的发光器官，是在其头部高高"挂"着的触手，这些发光器官可以一明一暗地发光，如同港口的灯塔。有人说，这种行为是为了诱捕猎物，还有人说是为了给自己照明。

植物界中会发光的花草树木也很多。电影《阿凡达》里有一个神奇的峡谷，里面生长着郁郁葱葱的植物，都可以发出荧光，营造出一个宛如仙境的梦幻世界。现实世界里，我国的灯笼树，非洲的夜光树以及非洲的某些芦荟、甲藻等都可以发光。一些植物的叶片中含有磷，产生的磷化氢气体的燃点很低，在空气中就可以自燃。当这些气体燃烧时，远远看去，就如同植物的叶片在发光。还有一些植物的发光原理与萤火虫的发光原理一样。除了动植物外，一些菌类也可以发光。科学家利用这些生物的发光原理，制造出了可以发光的人工生物。

杜牧有诗句"银烛秋光冷画屏，轻罗小扇扑流萤"，可见在古代萤火虫很常见。诗中的女子试图用扇子捕捉萤火虫的画面，也充满了静谧和闲适的古典美。而在当下的现实生活中，萤火虫不那么常见，尤其在城市，几乎绝迹了。这是因为萤火虫对环境的要求非常高，有萤火虫的地方，生态环境是非常优质的。此外，光污染也是重要原因。人造光源会严重干扰萤火虫的正常习性。

成语与自然现象

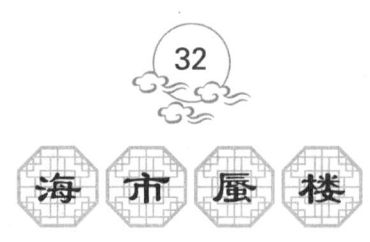

32 海市蜃楼

【释义】 蜃：大蛤蜊。指光线通过不同密度的空气层，发生折射或全反射时，把远处景物显示在空中或地面的奇异幻景。古人误以为蜃吐气所形成的，称之为蜃楼，也叫海市。比喻虚无缥缈的或虚幻的事物。

【出处】《史记·天官书》："海旁蜄（蜃）气象楼台，广野气成宫阙然。"这句话的意思是，海边的蜃吐出来的气，如同楼台。旷野中的气晕，像是宫阙一样。纪昀《阅微草堂笔记·姑妄听之一》："岂但海市蜃楼为顷刻幻景哉！"

【近义】 空中楼阁　镜花水月

【反义】 千真万确

科普知识

蜃在中国传统文化里总是显得朦胧而神秘，可能是古人习惯于陆居，对水中的生物不甚了解，于是只能凭想象和猜测加以记载。"海市蜃楼"中的海、市、楼三个字都很好理解，无非是这种罕见景观的出现地点或者景中所见，偏偏这个"蜃"字，出现在这里显得极为怪异。"蜃"到底是什么东西呢？郑玄在《周礼》中注有"蜃，大蛤也"，《说文解字》中有"雉入海，化为蜃"，传统节气中立冬三候中也有"雉入大水为蜃"的说法。原来古人相信蛤蜊长大后就成了蜃，蜃长到足够大的时候，就可以成精，能够吐出"蜃气"。这种蜃气就是各种幻象。

从现代科学的角度看，海市蜃楼是一种光学现象，在平坦的海面、湖面、沙漠、戈壁上，水面或地面上层和下层的空气由于散热不同，产生光的折射现象，可以将地面或天空的景象投射在天空或水面、地面上。细分起来，根据海市蜃楼出现的位置与原物的位置关系，可以分为上蜃、下蜃和侧蜃。根据海市蜃楼中景象与原物的对称关系，可以分为正蜃、顺蜃、反蜃等。根据海市蜃楼中景物的颜色，可以分为彩色蜃景和非彩色蜃景等。

海市蜃楼经常出现在沙漠中和海上。夏季烈日炎炎，沙子被晒热后温度上升，靠近地面的空气温度也会升高，但上层空气的温度变化不大。由于温度不同，上下两层空气的密度不同，空气的折射率也会不同。在这种自然条件下，会形成下蜃，也就是将高处的景物投射到地面上。与此类似的是，在夏季平坦的柏油路上,人们有时会看到远处地面上有一片水,其实是光的全反射现象。

出现在海上的海市蜃楼也是不同高度空气不同的折射率而形成的折射或全反射现象。海水温度较低,靠近海水的空气温度也较低,且富含水蒸气,折射率较大。上层空气接受日照,温度较高。光线穿过不同折射率的空气时,在风平浪静的晴天,就容易产生折射或全反射,形成海市蜃楼。

海市蜃楼会在同一地点、同一季节反复出现,比如我国山东沿海每年五月和六月都会出现海市蜃楼,在广东沿海则更容易在每年春夏之交出现海市蜃楼。

我国古代典籍中多有描写海市蜃楼的,其中对山东蓬莱的蜃景描写最多,这里也因此成为远近闻名观看蜃景的最佳地点。山东蓬莱近海中的岛屿长岛,是我国出现海市蜃楼最多的地方,正如白居易《长恨歌》中描写的"忽闻海上有仙山,山在虚无缥缈间"。

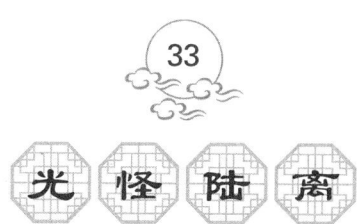

光 怪 陆 离

【释义】光怪:光彩和形状奇异;陆离:色彩繁杂的样子。形容形态奇怪,色彩繁杂。也形容事物离奇多变。

【出处】吴敬梓《儒林外史》:"那柴烧的一块一块的,结成就和太湖石一般,光怪陆离。"

【近义】斑驳陆离

科普知识

在高纬度地区的晚上,人们可以看到天空中绚丽多彩的光线。这些光线形状不定,有时像一块在夜空中自由伸展的彩色纱巾,有时像一片片彩色的云。这种发光现象,叫作极光。我国古代神话中,有个名叫附宝的女子仰望星空看到一个光环在北斗七星周围,正当她专注欣赏景色时,只见光环亮度急剧增加。后来,她生下一个男孩,这个男孩就是黄帝轩辕氏。在世界其他地方,因纽特人认为极光是上天引导死去的灵魂升入天堂的火炬,芬兰人则相信极光是狐狸在雪地上极速奔跑时那条美丽而不停变化的长尾巴。

关于极光出现的原理，古代人长期缺乏科学的判断。有人认为极光是地球以外的天空中燃烧的大火，火光映照在了地球附近。还有人认为极光是太阳落山以后，霞光映照在天空中的光辉。直到20世纪60年代以后，人们才客观认识了极光产生的原理。

极光是一种奇光异彩的等离子体现象。简单来说，就是太阳中的带电粒子流进入地球磁场，在地球磁场的作用下，折向地球南北极附近，使高层空气分子或原子激发或电离，从而产生一种绚丽多彩的光辉。其中出现在北极的叫北极光，出现在南极的叫南极光。极光的形状多样，颜色各异，有长条状、圆弧状、幕布状、放射状等。极光的产生有三个条件，即大气层、磁场、太阳高能带电粒子。所以，在地球磁场活动高峰期以及太阳活动的活跃期，极光不仅会频繁出现，其范围和亮度也会大规模增加。由此科学家判断，一些太阳系行星上，也会产生极光。目前已经被实际观测证实，木星、土星、火星等太阳系行星的两极附近，也会产生极光。水星虽然有强烈的太阳风，但由于缺乏大气层和大磁场，无法形成极光。金星有浓厚的大气层，但是磁场非常微弱，即使有太阳风的影响，也难以观察到极光。

极光的光怪陆离、绚烂多姿，让我们感受到大自然的浪漫和神秘，但同时也给人类造成了许多困扰。磁暴活动增强，地球高层大气被不断加热后膨胀并扩散至更高的空间，这给航天器的在轨飞行制造了额外的阻力。极光在地球大气层中投下的巨大能量，常常搅乱无线电和雷达的信号。极光所产生的强力电流，可能使电力传输线受到严重干扰，从而使某些地区暂时失去电力供应。

居住在北极圈附近的北欧国家、美国北部地区以及我国的漠河，都是观测极光的最佳地点。极光一般只出现在高纬度地区，但在太阳活动剧烈的年份，比如1958年2月10日夜间的一次特大极光，在热带都能见到，而且显示出鲜艳的红色。这样的极端事件，往往与太阳耀斑爆发或者强烈的地磁暴有关。

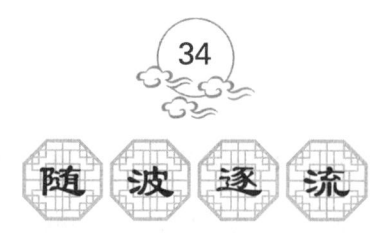

随波逐流

【释义】 逐：追逐。随着波浪起伏，跟着流水飘荡。比喻没有坚定的立场和主见，随大流。

【出处】《史记·屈原贾生列传》："举世混浊，何不随其流而扬其波。"

【近义】 同流合污

【反义】 特立独行

科普知识

人类文明之初，人们认为自然界的一切山川、草木、河流以及日月星辰等都由神灵掌管。产生这种自然崇拜的原因主要有两方面，一是古人对自然界的认识有限，存在着敬畏之心；二是古人觉得自然万物给他们提供了生存所需的阳光、食物、水等，需要心存感激。

我国古代劳动人民崇拜自然界的山川、河流，比较著名的有"五岳""四渎"。"五岳"大家都不陌生，是古人在各个方位选取的五座山。"四渎"的说法到现在已经很少见了。"四渎"指长江、黄河、淮河、济水四条河流。我国河流众多，为何古人偏偏对这四条河流如此推崇呢？按照《尔雅》的说法："江、河、淮、济为四渎。四渎者，发源注海者也。"因为这四条河流是从发源地一路向东汇入大海，所以被称为渎。古人认为这四条河流可以疏通中国的水脉，洗涤大地的污垢，让人们丰衣足食。古人给"四渎"的每一条河流都修建了祭祀神庙，每一条河流的神灵都有专门的封号，而且封号还会在不同朝代里累加。比如唐代封黄河之神为"灵源公"，济水之神为"清源公"，长江之神为"广源公"，淮河之神为"显圣灵源公"。元代将"四渎"的封号从"公"提升到了"王"。明代则改前代所封，直接称为"大河之神""大济之神""大江之神""大淮之神"。

今天来看，"四渎"中的长江、黄河大家都很熟悉，淮河下游淤塞，已经不能汇入大海，而是流向了长江。济水最有意思，因为现在已经找不到这条河了，但在古书的记载中，它是一条"穿黄不浊，三隐三见"的神奇河流。据《尚书·禹贡》记载，济水发源于河南省济源市的王屋山中，此地因处于济水的源头而得名济源。济水上游又叫沇水,从山中流出后,以地下河的形式向东潜流近40千米,从济源城西涌出地面。它东流到黄河后再次进入地下潜行,穿越黄河,在荥阳浮出水面。之后继续向东,到了原阳县后第三次进入地下潜行,到定陶后和汶水汇合,向北流入巨野泽,最后从山东境内流入大海。济水沿途孕育了著名的仰韶文化、大汶口文化、龙山文化等,因为这条河流,济源、济南、济阳、济宁等城市也因济水而得名。魏晋时期,济水上游已经淤塞不通;南北朝时期,济水可以勉强通航,只是"日行才十里";到了宋朝,济水已经彻底淤塞,这其中主要包含两方面的原因,一方面是济水所在的黄土高原泥沙淤塞严重,另一方面是黄河频繁改道,屡屡夺取济水河道,黄河"走"了济水的"路",济水便无"路"可"走"了。

除了"四渎"外,我们熟知的水系还有"五湖四海"。"五湖"近代指的是华中、华东地区的五个大湖泊,它们分别是洞庭湖、鄱阳湖、巢湖、太湖和洪泽湖。在古代关于"五湖"的说法有多种,有的指吴越地区的五个湖,有的专指太湖,还有一种说法称"五湖"中有鉴湖,没有洪泽湖。这些湖泊不仅为我们提供了大量的淡水资源,还孕育了江南"鱼米之乡",丰富了物产。此外,湖泊可以调节气候,对维持生态平衡起到了至关重要的作用,"五湖"各自拥有的湿地,也是众多野生动物栖息的家园。

35 不到黄河心不死

【释义】不到无路可走的地步是不肯死心的。也比喻不达目的决不罢休。

【出处】李宝嘉《官场现形记》:"这种人不到黄河心不死。现在横竖我们总不落好,索性给他一个一不做,二不休。你看如何?"

【反义】善罢甘休

科普知识

黄河全长约5 464千米,流域面积约有79.5万平方千米,是我国第二长河,也是世界长河之一。黄河流域所在的北方,尤其是其上游、中游所在的青藏高原、内蒙古高原、黄土高原,都属于典型的北方气候,冬长夏短,四季分明,气候偏干燥。

黄河的发源地在青藏高原,自西向东流经青海、四川、甘肃、宁夏、内蒙古、陕西、山西、河南、山东等省区,最后注入渤海。历史上关于黄河源头的说法众多,根据《尚书·禹贡》中记载:"导河积石,至于龙门","积石"是青海省循化撒拉族自治县。清朝时,康熙两次派人勘测黄河源,并绘制出《星宿河源图》;乾隆在位期间,齐召南撰写的《水道提纲》中认为黄河源头有三条,北源为扎曲,中源为马曲,南源为卡日曲。

黄河的上、中、下游又是如何划分的呢?从马曲到内蒙古托克托县的河口镇,这一段为黄河上游,此段长约3 471.6千米。从河口镇到河南郑州桃花峪,这一段为黄河中游,全长约1 206.4千米,流域面积约占全流域面积的43.3%。从桃花峪至入海口为黄河下游,长约785.6千米,流域面积仅占全流域面积的3%。黄河流经的地区大部分为山地,中游的内蒙古高原南端、晋陕大峡谷和晋豫大峡谷,都属于黄土高原,河水不断冲刷着两岸的土地,挟带了大量泥沙,再加上大部分河道都在湍急的峡谷中,泥沙无法沉淀,到了中游以后,黄河水质就变得混浊,因此,黄河沿途百姓对其有"斗水七沙"的说法。据测算,黄河每年挟带16亿吨泥沙,其中的3/4流入大海,剩下的泥沙沉积在黄河下游。这些泥沙形成的冲积平原,成为当地肥沃的土地。但是,这些泥沙也让黄河河道逐年抬高,形成地上悬河,有洪水泛滥时,河堤被冲破,造成洪灾。

黄河流域不仅是中华民族的发祥地,而且是全人类早期文明的中心。石器时代,在黄河流域中游的渭河附近,有蓝田文化、半坡文化,下游的汶河周围,有大汶口文化、龙山文化。

从古至今,黄河流域都为中国政治、经济、文化等发展贡献着重要的力量。历史上的封建王朝,自西周开始至唐宋,都将都城建立在黄河中游一带的西安、洛阳、开封。古代文人描写黄河的壮阔与雄浑的诗词歌赋更是数不胜数。其中广为传诵的有李白的"君不见黄河之水天上来,奔流到海不复回",王之涣的"黄河远上白云间,一片孤城万仞山""白日依山尽,黄河入海流",王维的"大漠孤烟直,长河落日圆"等。黄河不仅给中华儿女提供了丰饶的物产,更是中华民族精神的象征。

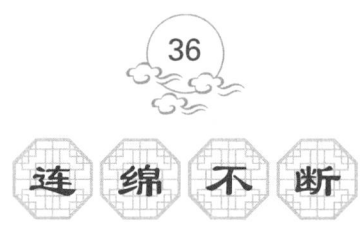

连绵不断

【释义】 连绵：连续不断的样子。形容连续不止，从不中断。

【出处】 《孔子家语·观周》："涓涓不壅，终为江河，绵绵不绝，或成网罗。"

【近义】 接连不断　源源不绝

科普知识

每年初夏，我国江淮流域都会出现较长时间的降雨天气，这个时候正是江南梅子成熟的季节，所以这一现象被称为"梅雨"。梅雨不只在我国出现，在日本中南部也会出现。梅雨带时而稳定，时而南北摆动，其时空分布具有不连续、不平衡、不稳定等特性，因而各地入梅出梅早晚、梅雨期长短、梅雨量多少常不一致。因为连日出现降雨，空气湿度大，家里的器物容易发霉，所以也有人称其为"霉雨"。长江中下游地区正常的梅雨一般会持续 20~30 天，集中出现在芒种至夏至之间，降水量普遍为 200~400 毫米。夏至后，降水带逐渐向北移动，到达黄河至淮河的大部分地区，随后进一步北上，到达山东、华北一带。梅雨季节过后，长江流域就结束了淫雨霏霏的连阴天，转为晴朗而炎热的盛夏。

正常的梅雨季节，开始和持续的时间、降水量大致固定，不会有大的偏差，但也有一些特殊年份，梅雨的到来会提前或推迟。比如有的年份在五月底、六月初就会出现持续阴雨天。假如这种梅雨天出现在芒种之前，就是"早梅雨"。其特征是刚开始的一段时间里，气温降低，甚至有些寒冷，此后随着降雨的持续，暖湿空气加强，就有了正常梅雨的典型特点。与早梅雨相反，"迟梅雨"比正常年份来得晚，会在六月下旬开始。这段时间出现的梅雨，多伴有雷阵雨等强对流天气，又称为"阵头黄梅"。迟梅雨一般持续半个月左右就会慢慢消失。

1954 年，在长江中下游地区出现了一次"特长梅雨"。这一年五月中下旬的降雨比往年多，六月初又迎来了梅雨，导致整个六月、七月里，一直阴雨连绵，并且经常出现大雨，甚至暴雨。到了八月初，这场特长梅雨才勉强退去。这样的结果就是三个月的降水量几乎达到了往年全年的降水量，甚至有些地区的降水量是以往一年半的降水量，最终形成洪灾。还有一些年份，梅雨出现的时间很短，而且潮湿特征非常不明显，好像蜻蜓点水一样匆匆而过，这种情况通常被人们称为"短梅雨"。更有一些特殊年份，从初夏到盛夏，始终没有出现阴雨连绵的天气，被人们称为"空梅雨"。

为什么会出现梅雨天气呢？这和梅雨所在地区的地理位置和地形地貌有关。以长江中下游为例，每年的梅雨季节，一方面北方寒冷空气南下，另一方面南部热带海洋暖湿气流北上，冷暖空气两股势力交互融合，空气中的湿度增大，阴雨天气相应增多。这一过程中，往往是来自南部的暖湿气流逐渐加强，北上的过程中逐渐扩大势力范围，把降雨带一直推进到长江以北直至淮河流域。相反，如果是来自北方的干冷气流较强，便会一直向南扩张势力，到了长江以南再与暖湿气流展开正面交锋，导致的结果就是降雨带南移，并且逐渐向东西两侧扩展。

梅雨自古就被从事农业生产的劳动人民所关注，在江南一带不仅有许多描述梅雨的农谚、歌谣，在许多诗词中也有梅雨的直接描述，如北周庾信诗："五月炎气蒸，三时刻漏长。麦随风里熟,梅逐雨中黄。"宋代诗人赵师秀在诗中曾写道:"黄梅时节家家雨,青草池塘处处蛙",字里行间透露出湿漉漉的江南烟雨气息。

- ◎ 消除挑战
- ◎ 趣味猜谜
- ◎ 历史典故
- ◎ 成语之最

高山仰止

【释义】 高山：比喻道德崇高。仰：仰慕。止：语气助词。仰止：仰慕，向往。比喻像仰望高山那样，对伟大的人物表示仰慕和崇敬。

【出处】《诗经·小雅·车辖》："高山仰止，景行行止。"这句话的意思是，面对道德高尚的人像仰望高山一样让人仰慕，面对光明的言行像宽广的大道一样让人遵循。

【近义】 仰之弥高

【反义】 嗤之以鼻

科普知识

2020年12月8日，中国公布了最新测得珠穆朗玛峰的高度——8 848.86米。这是我国自然资源部第一测量队依托北斗卫星系统，克服重重困难，对世界最高峰的再次准确测量。同时，这也表示我国的卫星系统、测量系统的科技水平达到了世界一流水平。

成语与自然现象

珠穆朗玛峰是喜马拉雅山的主峰，位于中国和尼泊尔边境线上，北部在中国境内，南部在尼泊尔境内，有"世界第三极"之誉。

珠穆朗玛峰所在的喜马拉雅山是世界上最高大、雄伟的山脉，这里的平均海拔高达6 000米。因为科研工作者在这里发现了大量的鱼类、藻类植物化石，所以他们推测在地球原始生命的诞生阶段，这里原本是海洋。在沧海桑田般变化的地质运动中，从陆地冲刷来的大量碎石和泥沙，堆积在喜马拉雅山地区，形成了这里厚厚的海相沉积岩层。之后，随着印度大陆板块与亚欧大陆板块发生碰撞，强烈的造山运动使喜马拉雅山地区受挤压而猛烈抬升。经过漫长的时间，喜马拉雅山高峰耸峙，海拔7 000米以上的高峰有40座，8 000米以上的高峰有10座，其中最高峰就是珠穆朗玛峰。

1975年5月27日，我国首次将测量觇标竖立在珠穆朗玛峰峰顶，并精确测得珠穆朗玛峰海拔为8 848.13米。2005年5月22日，我国测量珠穆朗玛峰的岩面高为8 844.43米。可见，上述测量结果并不一致，但这并非测量方法和技术的问题，而是因为珠穆朗玛峰还在不断升高。随着地壳的不断运动，亚欧板块和印度洋板块在挤压的过程中，将喜马拉雅山继续抬升，也使得珠穆朗玛峰以每100年升高约7厘米的速度"长个子"。

37 高山仰止

地球上的陆地分为七个大洲,各大洲的地质条件各不相同,景色各异。下面是各大洲最高峰的样貌。

亚洲:珠穆朗玛峰,海拔 8 848.86 米。

欧洲:厄尔布鲁士山,西峰海拔 5 642 米,位于大高加索山脉,是火山连续喷发后形成的山。

非洲:基博峰,海拔 5 895 米,位于乞力马扎罗山。

北美洲:迪纳利山,海拔 6 190 米,位于美国阿拉斯加山脉。

南美洲:阿空加瓜山,海拔 6 960 米,位于安第斯山脉。安第斯山脉是世界上最长的山脉,全长 8 900 多千米。

大洋洲:查亚峰,海拔 5 029 米,位于新几内亚岛。

南极洲:文森山,海拔 5 140 米。因为南极洲极端恶劣的自然条件,文森峰是七大洲最高峰中最后一座被人类登顶的。

有人问一位登山家为什么去登山,他答道:"因为山在那里。"也许,攀登高山,仰慕伟人,是人类永恒的追求。

38

鬼斧神工

【释义】形容建筑、雕塑、文学艺术等技术精巧神妙,好像不是人力所能达到的。

【出处】《庄子·达生》:"梓庆削木为鐻,鐻成,见者惊犹鬼神。"这句话的意思是,梓庆用巨大的木头制作乐器鐻,制成后,看见的人无不惊叹好像是鬼神的功夫。屈大均《端州访砚歌和诸公》:"年来岩底采无余,鬼斧神工多得髓。"

【近义】巧夺天工 出神入化

【反义】粗制滥造

科普知识

"朝辞白帝彩云间,千里江陵一日还。两岸猿声啼不住,轻舟已过万重山。"这首脍炙人口的《早发白帝城》,是唐代诗人李白描写在三峡中行船的所见所感。我国长江流域的三峡是世界闻名的大峡谷,包括瞿塘峡、巫峡、西陵峡,全长约193千米。李白在诗中描写:"千里江陵一日还",千里之遥的路程一日就抵达，是否是一种夸张的修辞手法呢？

虽然夸张是诗歌中常用的一种修辞手法，而且李白常在自己的诗歌中使用，比如"白发三千丈""飞流直下三千尺"，但是从另一个角度分析，在这首诗中李白并未夸张，因为长江三峡地形陡峭、水流湍急，从白帝城到江陵是顺流而下，船行迅疾。

船行如此迅疾，这就不得不提到峡谷的地形特点。峡谷是指深度大于宽度、两岸地势陡峭的谷地，远望如一个挺立在天地间的V。"重岩叠嶂，隐天蔽日，自非亭午夜分，不见曦月"，将峡谷的特点淋漓尽致地表现出来。峡谷是地壳运动的产物，由坚硬岩石构成的谷坡在构造运动中抬升，当地面隆起速度与下切作用协调时，形成峡谷。另外，在漫长的地质变化中，湍急的水流不断冲刷、侵蚀两岸坚硬的岩石，当水位降低时，也会出现峡谷。

世界上最大、最深的峡谷是我国的雅鲁藏布大峡谷，全长约504千米，两侧高峰与谷底相对高差达6 009米。由喜马拉雅山的地质运动和江水冲刷形成的雅鲁藏布大峡谷，位于青藏高原。这里的高海拔和巨大的山脉原本阻挡了印度洋的潮湿温暖气流，但雅鲁藏布大峡谷如同一个水汽通道，使得这片高原地带孕育出了如同江南水乡般的别样风景。这里的年降水量大，缩小了南北自然带的温度、气候差异，原本处于南方的热带、温带动植物可以在这里繁衍生息，提升了物种的多样性。

我国还有很多著名的大峡谷，例如，澜沧江梅里大峡谷、金沙江虎跳峡、黄河晋陕大峡谷、太行山大峡谷、大渡河大峡谷等。

大峡谷通常伴随着大江大河。当一座座大坝矗立在峡谷中时，就能发挥防洪、发电的作用。目前已经建成的被誉为"高峡出平湖"的三峡大坝，是世界上最大的水力发电工程。而雅鲁藏布大峡谷中蕴藏着比三峡更大的能量，也许在这里建起的水力发电工程会造福更多的人。

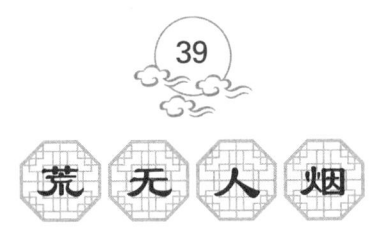

荒无人烟

【释义】 人烟：住户的炊烟，泛指人家。荒凉偏僻，见不到人家。

【出处】 姚雪垠《李自成》："因为日夜急行军，走的都是荒无人烟的山僻小路，消息不灵，反而像坐在鼓里。"赵树理《实干家潘永福》："从此蒲峪水库工地上，放牛、割草、割荆、编筐，自己打铁、自己造车、理发店、补鞋摊、缝纫房、中药铺……各行各业，花花朵朵，在这荒无人烟的荒谷中，自成一个小天地。"

【近义】 人迹罕至

【反义】 人烟稠密

科普知识

水是生命之源，在陆地上降水稀少的地区，人的活动会受到限制，成为生命的禁区。当谈起这样的地方时，人们可能首先想到的就是荒漠。

荒漠是长期干旱气候条件下形成的植被稀疏的地理景观。这里气温变化急剧，特别是地面温度变化导致物理风化作用强烈，风力作用活跃；地表水极端贫乏，多盐碱土，只能生长根深叶小或无叶的旱生或盐生植物；动物具有穴居、夏眠、善疾走等特性。荒漠分布于大陆内部或低纬度大陆西岸。按地表组成物质，分岩漠、砾漠、沙漠、泥漠、盐漠等，以沙漠分布最广，次为砾漠。此外，还有一种荒漠的特殊类型"寒漠"，即在高山上部和高纬度亚极地带，因低温引起的生理干旱而形成的植被贫乏地区。高山和极地冰雪地带则称为"冰漠"。

岩漠是大片岩石裸露在地表的地区。这里景色荒凉，因为强烈的太阳照射和大风侵蚀，没有土壤，基岩裸露，岩层剥落或崩解，所见皆是大小不一的岩块。砾漠又被称为戈壁，在这里细小的物质被强风吹走，地面覆盖着粗大的砾石。通常砾漠所在地区的"前生"是冲积平原。泥漠，原本是土地，由于长期干旱少雨，地表失去水分，土地龟裂。盐漠，原本是湖、河等水域，在地质变化中，因为缺少水源补给、蒸发加剧等，逐渐成为在地表聚集了盐层的地区。

荒漠气候具有以下特点：终年少雨或无雨；气温、地温昼夜温差大，日照时间长；风沙活动频繁，地表干燥。荒漠不适宜人类居住，但有一些植物在这里顽强地生存下来，成为生命的奇观。仙人掌、龙舌兰、三芒草、骆驼刺、胡杨等植物，它们的叶面积缩小、退化，进化成刺状、鳞片状，有的甚至没有叶片，可以减少蒸发。同时，它们的根系无比发达，可深入地下十几米，甚至数十米，以获取水分。有的植物可以利用有限的降水完成生命的繁衍，比如有一种叫作"齿子草"的植物，其种子为球状，可随风滚动，一遇到降水，便能快速发芽、生长。它在一个月左右就能结出果实，当水分完全蒸发掉时，它已经完成生长、繁衍的一系列活动，而它的种子继续在滚动中等待再次发芽的时机。

虽然在人类的生产生活中，因为过度开垦、乱砍滥伐等行为，加剧了一些地区的荒漠化程度，但是荒漠原本就是地球上的一种地貌。它的荒凉、静穆也成为一些文人墨客笔下的美景，如王维的《使至塞上》中"大漠孤烟直，长河落日圆"的描写，成为人们传诵千年的名句。

40 久旱逢甘雨

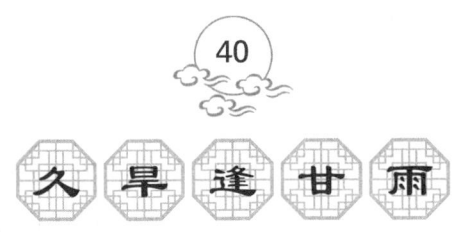

【释义】逢：遇到；甘雨：适时而有益于农事的雨。干旱了很久，忽然下了场好雨。比喻渴望已久，一旦如愿以偿，内心无比喜悦。

【出处】洪迈《容斋四笔·得意失意诗》："旧传有诗四句，夸世人得意者云：'久旱逢甘雨，他乡见故知，洞房花烛夜，金榜挂名时。'"

科普知识

元代戏曲家关汉卿创作的杂剧《窦娥冤》是一部悲剧，剧中窦娥受到不公正的判决时，发下三桩誓愿："血溅白练，六月飞雪，亢旱三年。"她用现实中不可能出现的情况表达自己的冤屈之深。抛开戏剧创作中的艺术表现手法不谈，"亢旱三年"说明干旱这种极端恶劣的天气状况会给人们的生产生活产生巨大影响。

干旱，是一种因降水不足而出现的自然灾害。通常情况下，降水量少，难以维持适量的人口生存和经济发展的需要。干旱可分为四种类型：

1. 气象干旱：指某时段内，由于蒸发量和降水量的收支不平衡，水分支出大于水分收入而造成的水分亏缺现象。

2. 农业干旱：在作物生育期内，因环境因素造成的作物体内水分亏缺的现象，这种状况影响作物的正常生长发育，进而导致减产或失收。

3. 水文干旱：由于降水的长期短缺而造成某段时间内地表水或地下水收支不平衡，使江河流量、湖泊水位、水库蓄水等降低（或减少）的现象。

4. 社会经济干旱：由于自然系统与人类社会经济系统中水资源供需不平衡造成的异常水分短缺的现象。社会对水的需求通常分为工业需水、农业需水、生活与服务行业需水等。如果需求大于供应，就会发生社会经济干旱。

上述干旱类型中，气象干旱是根本原因。当某地区受到大气环流的影响，比如在太平洋出现的厄尔尼诺暖流，会使原本出现在印度尼西亚、澳大利亚、南亚次大陆和巴西东北部地区的暖湿气流减少，导致这些地区出现干旱。遭遇气象干旱时，降水减少，地表的江河湖泊的水位就会逐渐降低，导致农作物难以灌溉，人们的生产生活也就相应地受到影响。

水是生命之源，不仅包括人类在内的生物生存需要饮用淡水，而且农业、工业生产活动中也需要大量水。没有水，人类世界的一切活动都将停止。

如今，人类社会的快速发展导致很多地区的地表水出现短缺，人们便将目光投向地下水——蕴藏在地壳中的水资源。但是地下水资源有限，而且需要地表水的补充。如果有一天地下水资源也枯竭时，缺水的阴影会永远笼罩着人类。

干旱这一自然灾害需要人类共同关注。我们不仅要研究地球气象的变化，利用科学技术减少干旱灾害发生的频率和范围，而且要树立保护水资源、节约用水的绿色理念。每年的3月22日为"世界水日"，其宗旨就是唤起公众的节水意识，加强水资源保护，希望我们每一个人都积极行动起来。

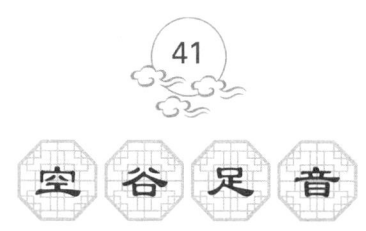

空谷足音

【释义】 在空荡的山谷里听到人的脚步声。比喻极难得的音信、言论或事物等。

【出处】《庄子·徐无鬼》:"夫逃虚空者……闻人足音,跫然而喜矣。"这句话的意思是,来到空寂山谷中的人,听到人们的脚步声顿感欣喜。纪昀《阅微草堂笔记·姑妄听之三》:"幸空谷足音,得见君子,机缘难再,千载一时,故忍耻相投。"这句话的意思是,如同幸运地在空荡的山谷中听到人的脚步声,见到您,再难有这样的机会,千载一时。

【近义】 凤毛麟角

【反义】 不胜枚举

科普知识

大千世界,声音无处不在。在人来人往的集市上,吆喝声、讨价还价声不绝于耳;在音乐厅中,多种乐器随着演奏者的演奏,悦耳的曲调缓缓飘荡;在寂静的夜晚,突如其来的警报声，令人一惊……

宋代文学家苏轼曾写过一首《琴诗》："若言琴上有琴声，放在匣中何不鸣？若言声在指头上，何不于君指上听？"那么，琴声是怎样产生的呢？

声音不是凭空出现的，是物体振动产生的。物体受到外力时产生振动，随之产生声波。这种声波通过固体、液体、气体传播，耳朵接收到后就形成了我们所说的声音。苏轼在诗中有疑问："放在匣中何不鸣？"因为琴弦没有产生振动，静静躺在匣中的琴自然不会奏出美妙的音乐。

声音通过媒介传播，在真空中声音无法传播。不同媒介中，声音的传播速度不一样。通常来说，在固体、液体、气体中声音的传播速度依次递减。例如，声音在铜棒中的传播速度为3 750米/秒，在海水中的传播速度为1 531米/秒，在空气中的传播速度为340米/秒。另外，声波的频率有高有低。人耳能听到的声音频率为20~20 000赫兹。一些动物能听到频率更高的声音，例如，蝙蝠能听到16万赫兹的声音。因此，有些动物的听觉比人类更灵敏，它们传递信息的方式往往不能被人感知到。

声音在传播的过程中，如果遇到障碍物，会有一部分声音被吸收，还有一部分被反射，当所处的环境符合一定的条件（原声与回声间隔时间超过0.1秒，间隔距离超过17米）就能听到回声。所以，在空荡荡的厂房里或者山谷中，很容易听到回声。在北京天坛有一处著名景观回音壁，就是我国古代的工匠利用回声原理建造的。回音壁圆形的墙壁没有丝毫缝隙，声音没有被墙体吸收，而是顺着光滑的墙体折射前进，清晰地传到一两百米远的另一侧，堪称奇妙。此外，利用回声这一特点，科学家发明了声呐仪器，用于在海上测量海的深度，以及探测船只与冰山、其他舰艇间的距离。

声音是一种机械波，它本无所谓好坏，但是对人类而言，用一定的节奏、旋律呈现出来的音乐，就是艺术；如果以杂乱的方式，在不合时宜的时间出现，就会成为噪声，成为环境污染的一部分。

● 成语与自然现象

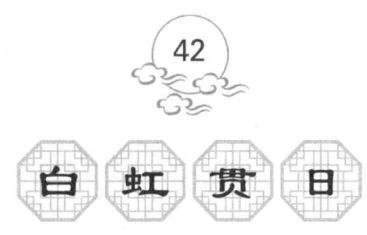

白虹贯日

【释义】 白色的长虹穿日而过。旧时这种异常的天象被认为是将要发生非常事件的征兆。

【出处】《战国策·魏策四》:"夫专诸之刺王僚也,彗星袭月;聂政之刺韩傀也,白虹贯日;要离之刺庆忌也,仓鹰击于殿上。"专诸、聂政、要离是春秋战国时期著名的勇士。这句话是被安陵君派往秦国的唐雎对秦王说的话,旨在表达士人之怒,翻译为现代汉语:专诸刺杀王僚,如同彗星撞击月球;聂政刺杀韩傀,如同白色的长虹穿过太阳;要离刺杀庆忌,如同苍鹰撞击宫殿。《史记·鲁仲连邹阳列传》:"昔者荆轲慕燕丹之义,白虹贯日,太子畏之。"这句话的意思是,当年荆轲仰慕燕国太子丹刺杀秦王的决心(便决心要帮助他),这时长虹出现在天上,就连太子丹也敬畏(荆轲)。

科普知识

彩虹是人们经常看到的一种自然界的光学现象,多发生在雨过天晴之后。可是，不是随便一场雨就会出现彩虹。那么，彩虹的形成需要哪些条件呢？

雨后的空气中飘浮着许多微小的水滴，阳光穿过这些小水滴，经过多次反射和折射后改变前进方向，并且被分解成赤、橙、黄、绿、青、蓝、紫七种颜色的光，集中在一起就形成了美丽的彩虹。

如果阳光过于猛烈，温度太高，空气中的水滴就会很快蒸发，或者空气中的水滴分布不均匀，雨后的太阳正对的天空恰好没有水滴，都不会出现彩虹。

彩虹的形成与太阳的高度有关。阳光照射到它对面天空的水滴上形成彩虹，所以彩虹一般在太阳对面。如果太阳升得过高，就算形成了彩虹，也在地平线以下，我们根本看不见，这也是中午很难看到彩虹的原因。

我们看到的彩虹多数是一条，但有时在一条彩虹的外边还会出现一条颜色顺序恰好相反且较暗的虹，叫副虹。主虹是内紫外红，副虹是内红外紫，副虹又叫霓。霓与主虹为同心的圆弧。霓是阳光经由雨滴内两次反射两次折射产生的。

即使没有下雨，也能见到彩虹。在阳光下的喷泉或瀑布周围有水汽的地方，常常出现彩虹；夏天，行驶的洒水车后面，有时也会出现一道彩虹，我们喝一口水，背对着太阳在空中喷一团水雾，也可以形成彩虹。

彩虹持续的时间一般都很短，世界上持续时间最长的彩虹发生在2017年11月30日中国台北阳明山上空，它的持续时间为8小时58分。

彩虹的"虹"字是虫字旁，为什么呢？在古人眼中，彩虹是非常奇幻的现象，人们认为彩虹是一条首尾都有头，像龙一样的活物。它常常弯着身子喝水，彩虹的圆弧部分就是它的身子。又因为拱桥像彩虹，古人常把彩虹作为拱桥的代称，如李白的《秋登宣城谢朓北楼》中有"两水夹明镜，双桥落彩虹"的描述。

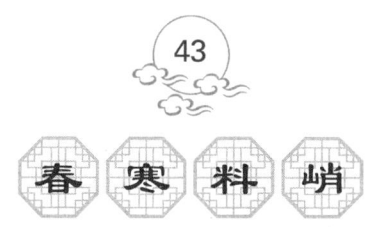

春寒料峭

【释义】 料峭：形容微寒。虽已春季，但天气还比较寒冷。

【出处】 《五灯会元》："春寒料峭，冻杀年少。"形容春天的寒意也能冻伤人。王之道《石州慢·和赵见独书事，见独善鼓琴》："休说。春寒料峭，夜来花柳，弄风摇雪。"这句话描绘风雪大作、天气寒冷的情景。

【反义】 春暖花开　春和景明　春意盎然

科普知识

人们习惯把寒潮称为寒流，寒潮一般出现在秋末至初春时，指来自高纬度地区的寒冷空气，像潮水一样大规模向中、低纬度地区侵入，造成沿途地区大范围剧烈降温，并伴有大风和雨雪的灾害性天气。寒潮对工农业生产、群众生活和人体健康等都有较为严重的影响。

根据入侵冷空气的强弱程度，我国将其分为5个等级，依次为弱冷空气、中等强度冷空气、较强冷空气、强冷空气和寒潮。中国规定寒潮降温标准为：南方，24小时内降温8℃以上（或48小时内降温10℃以上或72小时内降温12℃以上），同时最低气温降至5℃以下；北方，24小时内降温10℃以上（或48小时降温12℃以上），同时最低气温降至4℃以下。

入侵我国的寒潮，主要是在北极地带、俄罗斯的西伯利亚以及蒙古国等地暴发南下的冷高压。位于高纬度的北极地区、西伯利亚、蒙古高原，全年受太阳的斜射，地面接收太阳光的热量很少。尤其到了冬天，太阳直射点南移，北半球太阳光照射的角度越来越小，地面吸收的太阳光热量也越来越少，温度相应变得越来越低。

由于北极和西伯利亚一带的气温很低，空气不断收缩下沉，气压增高，这样便形成一个势力强大的冷高压。当这个冷高压增强到一定程度时，就会像决了堤的海水一样，汹涌澎湃地向我国袭来，带来剧烈降温，伴随大风、雨雪或冰冻天气。

每一次寒潮暴发后，西伯利亚的冷空气就会减少一部分，气压也随之降低。但经过一段时间后，冷空气又重新聚集堆积起来，孕育着一次新寒潮的暴发。

寒潮的暴发在不同的地域环境下具有不同的特点：在西北地区和黄土高原，表现为大风、少雪天气，且常伴有沙尘暴；在内蒙古草原则为大风和低温天气；在华北、黄淮地区，寒潮的面目表现为风雪混杂；寒潮还会让原本好天气的江南变得凄风苦雨。

寒潮作为一种气象灾害，对农业的影响较大。如果在农作物刚发芽的春季或农作物成熟的秋季有寒潮入侵，对农作物造成的冻害较为严重。初冬或初春，寒潮降温天气情况下的降雨碰到地面物体后有时会直接冻结成冰，形成雨凇。我们有时看到在电线、树枝上包裹或悬挂着一层晶莹的冰雪，那就是雨凇。有的雨凇厚度可达几厘米，能压断树木、电线和电杆，造成供电和通信中断，有的妨碍公路和铁路的正常通行，甚至对飞机飞行安全构成威胁。

在历史上寒潮扮演着重要的角色。在我国，1614—1634年间频繁发生的寒潮及干旱被认为是当时明朝覆灭的诱因之一，严寒使得农作物持续歉收，进而引发民间起义。1812年，拿破仑重兵进攻俄国，并很快深入其腹地，法国人看起来胜利在望。但战争的形势却在11月3日被扭转，寒潮的到来使得气温迅速降至0 ℃以下，俄国一片冰天雪地。法国士兵缺乏补给，冻死冻伤不计其数。拿破仑不得不在第一场大雪后下令全线撤退，这次惨败成为拿破仑帝国衰亡的开端。

☑ 消除挑战
☑ 趣味猜谜
☑ 历史典故
☑ 成语之最

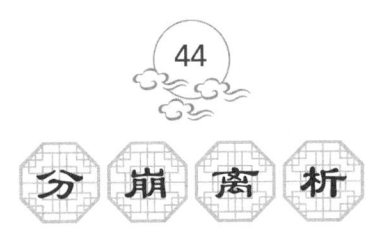

【释义】 崩:倒塌。析:散开。四分五裂,到了不可收拾的地步。形容家庭、集团、组织或国家分裂瓦解。

【出处】《论语·季氏》:"邦分崩离析而不能守也。"这句话的意思是,国家四分五裂,却不能保持它的稳定统一。崔祐甫《上宰相笺》:"孔明以分崩离析之时,事要荒割据之主,尚能恢弘王度,克广德心。"这句话的意思是,诸葛亮在东汉朝廷四分五裂的时候,辅佐割据一方的诸侯,尚且能传承发扬王道,推广德政。

【近义】 土崩瓦解 四分五裂

【辨析】"分崩离析"偏重于组织内部人与人、机构与机构、这一部分与那一部分之间的分裂、不团结。"土崩瓦解"偏重于整个组织的彻底溃败,语义较重。

【反义】 精诚团结 和衷共济 同心同德

科普知识

如果仔细观察世界地图,你或许会发现,有一些临海的大陆虽然互相离得远,可它们似乎能够像拼图一样拼起来。难道它们以前是结合在一起,后来分开的吗?

其实,早在1912年就有一位叫魏格纳的德国科学家发现了这一现象,并提出了"大陆漂移说",后来人们在此基础上发展出了"板块构造说"。

板块构造说认为,地球表面的岩石圈并不是一个整体,而是被分割成许多构造单元,这些构造单元叫作板块。全球的岩石圈分为亚欧板块、非洲板块、美洲板块、太平洋板块、印度洋板块和南极洲板块,共六大板块。其中太平洋板块几乎完全在海洋里,其余五大板块都包括有大块陆地和大面积的海洋。此外,一些大板块还可以分成若干小板块,比如可以把美洲板块分为南、北美洲两个板块,菲律宾、阿拉伯半岛、土耳其等也可作为独立的小板块。这些内部相对稳定的板块(岩石圈),并不是静止的,它们每年都在以微弱的速度移动。由于地球的表面积是有限的,所以,地球板块分为三种状态:第一种为彼此接近的汇聚型板块边界;第二种为彼此远离的分离型板块边界;第三种为彼此交错的转换型板块边界。

一般来说,板块内部的地壳比较稳定,板块与板块之间的交界处是活动比较频繁的地带,地壳不稳定。地球表面的基本面貌,是由板块相对移动发生的彼此碰撞和张裂形成的。在板块张裂的地区,常形成裂谷和海洋,如东非大裂谷、大西洋就是这样形成的。在板块相撞挤压的地区,常形成巨大的山脉,如喜马拉雅山就是印度洋板块在向亚欧板块碰撞过程中产生的。

板块构造理论已被用来解释火山地震带的形成和分布,以及矿产的生成和分布等问题。但是,板块构造说并非无懈可击,有许多地质现象仍然无法得到令人满意的解释。

在东晋葛洪的《神仙传》里记载有一位叫麻姑的仙女,说从她当仙女后,就看到东海有三次变成桑田。在这个美丽的传说中,大海变成陆地,陆地变成大海,如果用板块构造理论来解释,这种变化就是地壳运动、板块碰撞的结果。

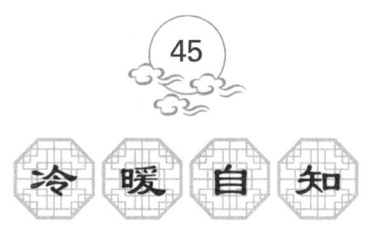

45 冷暖自知

【释义】 原是佛教禅宗用语,指自己证悟的境界,譬如水的冷暖,只有饮水的人自己知道。后泛指对事物的认识、体会,须经亲自实践。

【出处】 慧能《六祖坛经》:"今蒙指示,如人饮水,冷暖自知。"这句话的意思是,今天承蒙您的提醒指导,如同饮水的人自己知道水的冷暖。刘献廷《广阳杂记》:"惟学问一事,冷暖自知。"这句话的意思是,只有学习这件事,如同饮水的人才知道水的冷暖。

科普知识

沙漠是地表覆盖大片风成沙的地区,这里的风沙活动强烈,是荒漠中分布最广的一种类型。人们的印象中,沙漠地区大都被沙粒覆盖,植物非常稀少,降雨量小,空气干燥。生活在这里的人们"早穿皮袄午穿纱,围着火炉吃西瓜",反映出沙漠地区昼夜温差大,白天特别热,晚上特别冷的气候特点。

那么，究竟是什么原因导致沙漠地区昼夜温差较大呢？

沙漠地区干旱缺水，天空中很少有云，地面上几乎没有植被，十分空旷，而覆盖在地表的沙粒吸收和释放热量的速度都非常快。太阳出来，阳光没有一点儿遮挡地直射到沙粒上，沙粒开始吸收热量。随着时间的推移，顶层的沙粒把热量释放到空气中，导致温度飙升。太阳落山后，沙粒又会迅速释放白天吸收的热量，由于没有云层保温，温度很快下降，沙漠中会变得非常寒冷。

非洲北部的撒哈拉沙漠，7月份白天的温度在 $35\sim37\ ℃$ 以上，绝对最高气温超过 $50\ ℃$。一旦太阳落山，温度骤降。所以，如果你计划去沙漠探险，除了携带大量的水和防晒霜，还必须带一个足够保暖的睡袋。

在这样极端的环境里，沙漠原生动植物是如何生存的呢？

沙漠中数量和种类最多的是爬行动物，这些冷血动物的体温会随着外界温度发生变化，它们不必花费精力维持体温的恒定。许多小型爬行动物白天躲在阴暗的角落乘凉，晚上则寻找温暖的岩石栖息。那些体型巨大、无法躲避阳光的哺乳动物，比如有着"沙漠之舟"之称的骆驼，则通过厚厚的脂肪与皮毛进行隔热，从而维持体温的恒定。沙漠中的常见植物——仙人掌，它的叶则进化成了刺状，可降低高温下水分的流失。

由于昼夜温差大，夜间温度低，植物的呼吸作用弱，消耗的有机物少，体内积累的糖分较多，所以在沙漠绿洲中种植的瓜果都特别甜。

沙漠虽然人迹罕至，但是，也有许多人类文明在它的怀抱中诞生。我国西北大漠深处的莫高窟，位于甘肃省敦煌市城东南 25 千米的鸣沙山下，因地处莫高镇而得名。它是我国最大、最著名的佛教艺术石窟，也是世界上现存规模最大、内容最丰富的佛教艺术圣地。1987 年，莫高窟被联合国教科文组织列为世界文化遗产。

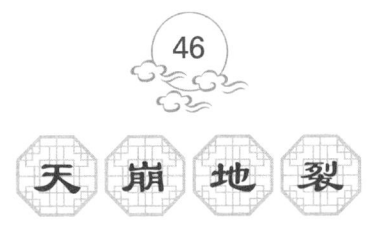

【释义】 天崩塌，地裂开。比喻重大的事变或灾难，或形容巨大的声响。

【出处】《战国策·赵策三》："天崩地坼，天子下席。东藩之臣田婴齐后至，则斮之。"这句话的意思是，天子逝世，如同天崩塌地裂开，新继位的天子也要在席子上守孝。东方属国的臣子田婴齐却姗姗来迟，应当斩杀。罗贯中《三国演义》："一声响亮，就如天崩地裂，台倾柱倒，压死千余人。"

【近义】 天崩地陷　天翻地覆　震耳欲聋

科普知识

火山喷发是一种奇特的地质现象，因地壳运动活跃而形成。火山喷发能让人深刻地体会到大自然的威力。那么，为什么火山口会喷出滚烫的岩浆呢？

地球表面看似平静，其实内部蕴藏着巨大的能量。在地球内部，有许多炽热的岩浆，它们像熬开的米粥一样翻滚着，并不断地熔化着新的岩石。岩浆越来越多，压力也越来越大，当压力足够大时，岩浆沿着地壳的薄弱处喷出，这个过程就像我们日常生活中看到的熬粥溢锅一样。我们知道，地球的表层由板块构成，板块边缘便是地壳的薄弱处。有时，板块与板块之间互相挤压，一个板块俯冲到另一个板块下面，俯冲带容易引起地球内部物质的对流和熔融，产生新的岩浆，也就更容易引起火山喷发。

在人类能够控制火山活动之前，加强预报是防止火山灾害的唯一办法。通过地震检测火山活动是较常用的方法。科学家对火山喷发问题的研究，常常得益于动植物的某种突然变化。许多动物往往在火山喷发前纷纷逃离，似乎知道大祸即将临头。在印度尼西亚爪哇岛上有一种奇特的植物，它们在火山喷发前会开花，当地居民把它叫作"火山报警花"。

猛烈的火山喷发会吞噬大片土地，可令人惊讶的是，有些火山所在地却是人烟稠密的地区。原来火山喷发出来的火山灰是很好的天然肥料。比如，日本富士山火山区的桑树长得特别好，有利于养蚕业的发展；意大利维苏威火山地区盛产葡萄。火山地区景象奇特，往往成为人们的旅游胜地，因此人口也相对稠密。

根据活跃程度，火山分为活火山、休眠火山和死火山。

世界上最大规模的超级火山群——美国黄石火山就是一个正在"休眠"的火山,其喷发周期为数十万年,且现已进入一个新的喷发窗口期。科学家预测,一旦黄石超级火山喷发,大量岩浆和火山灰喷出,全球将陷入"寒冬",其中北美大陆将被厚厚的火山灰淹没。

公元79年8月的一天,意大利南部的维苏威火山喷发,在两天的时间里,火山喷出的碎石和火山灰遮天蔽日,岩浆和碎屑流掩埋了附近的城镇村庄,把它们从世界上彻底抹去,其中包括著名的庞贝古城。直到1 000多年以后的18世纪,它们才被偶然发现,经过几百年逐步挖掘清理,古老的城镇终于重见天日。走进古城遗址,时光仿佛倒流,景致依旧,却只留下一座空城让人凭吊。

47

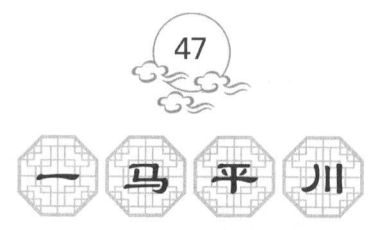
一马平川

【释义】 平川：平原。可以使马疾驰的平原。形容地势平坦。

【出处】 端木蕻良《科尔沁旗草原》："一万里一条驼绒地毡，没有剪短一根毛丝，也没落上一颗土星，一马平川地铺向天边去。"冯德英《苦菜花》："敌人围得甚紧，村外又是一马平川，敌人展开重火力，我们几次冲锋都被敌人压回来了。"

【反义】 崇山峻岭

科普知识

由成语"一马平川"可以联想到一种地貌类型，那就是平原。

平原指的是海拔高度小于200米的宽广低平地区。平原有两种类型：独立型平原和从属型平原。独立型平原是世界五大陆地基本地形之一。从属型平原比独立型平原小，它从属于更大的地形单位，比如盆地地形的底部就是一片平原地区。我国有三大平原，分别是东北平原、华北平原和长江中下游平原。

东北平原是我国最大的平原，由三江平原、松嫩平原、辽河平原组成，地跨黑龙江、吉林、辽宁和内蒙古4个省区。东北平原属于温带和暖温带，兼具大陆性和季风性气候特征，夏季短促而温暖多雨，冬季漫长而寒冷干燥。东北平原是全球仅有的三大黑土区域之一，土地肥沃，是我国重要的粮食、畜牧业生产基地，被人们称为"北大仓"。同时，东北平原也是我国重要的钢铁、机械、能源、化工基地。

华北平原是我国第二大平原，亦称"黄淮海平原"，也是人口最多的平原。华北平原西起太行山和豫西山地，东到黄海、渤海和山东丘陵，北起燕山，西南到桐柏山和大别山，东南至苏、皖北部，与江淮平原相连。平原上地势平坦、河湖众多、交通便利、经济发达。华北平原是冲积平原，由黄河、淮河、海河、滦河等挟带的大量泥沙沉积所致。华北平原属温带季风气候、亚热带季风气候，四季变化明显。

华北平原土层深厚，土质肥沃。主要粮食作物有小麦、水稻、玉米、高粱、谷子和甘薯等，经济作物主要有棉花、花生、油菜、芝麻、大豆等。华北平原是我国重要的粮、棉、油生产基地。

长江中下游平原是指我国长江三峡以东的中下游沿岸带状平原。主要由江汉平原、洞庭湖平原、鄱阳湖平原、皖苏沿江平原、里下河平原及长江三角洲平原组成。地跨我国鄂、湘、赣、皖、苏、浙、沪7个省、直辖市，是我国重要的工业基地，水陆交通发达。

长江中下游平原是我国重要的粮、棉、油生产基地，也是我国水资源最丰富的地区。长江天然水系及纵横交错的人工河渠使该区成为我国河网密度最大的地区，同时也是我国淡水湖群分布最集中的地区。长江中下游平原区域内的湖泊中，以鄱阳湖、洞庭湖、太湖、洪泽湖、巢湖等的面积较大，它们对长江及其支流的作用最显著，具有调节水量、延缓洪峰的天然水库作用，兼具灌溉、航运、养殖之利。

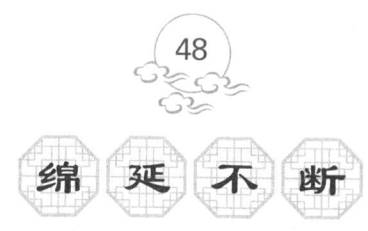

绵延不断

【释义】形容连接不断。

【出处】萧乾《人生采访·从德、奥、意、瑞边境到巴黎》:"这一路我看到人类政治命运之迥然不同,德、瑞的边界是高仅三尺的绵延不断的铁丝网。"

【近义】源源不绝 连绵不绝

【辨析】"绵延不断"和"源源不绝"都有接连不断的意思。"绵延不断"偏重于连续,不中止,多指事物的连续状态,多修饰名词;"源源不绝"偏重于继续,没完没了,多指事物继续不断的连续状态,多修饰名词化的动词。

科普知识

丘陵是世界五大陆地基本地形之一,由坡度起伏不大、连绵不断的山丘组成。相比平原的一马平川,丘陵有另外一种错落有致的美,尤其是丘陵上修筑的梯田,色彩斑斓,层层叠叠,如诗如画。

● 成语与自然现象

丘陵的坡度较低，海拔大致在500米以内，相对高度一般不超过200米。我国主要的丘陵有东南丘陵、江南丘陵、江淮丘陵、浙闽丘陵、两广丘陵、山东丘陵、辽东丘陵、川中丘陵、黄土丘陵等，总面积约为100万平方千米。因为水资源丰富，地势起伏不大，方便农耕，很多丘陵地区自古就是人类重要的栖息地。另外，因丘陵具有独特的带状和层叠的特征，使得所在地区景色优美。

我国有三大丘陵。东南丘陵是我国三大丘陵之首，指我国东南部一带，北至长江，南达南海，东临东海，西抵云贵高原一带低山、丘陵的总称。东南丘陵也是我国地形地貌中分布最广、最密集、土地面积最大的丘陵。东南丘陵主要包括江南丘陵、江淮丘陵、浙闽丘陵、两广丘陵等几部分。东南丘陵海拔高度多在200~500米之间。丘陵与低山之间多数有河谷盆地，四季分明、雨水充沛、土地肥沃、土层深厚，十分适宜发展种植业与林业。东南丘陵内部的主要山峰、山脉有：黄山、九华山、衡山、丹霞山、武夷山、南岭、幕阜山、庐山、井冈山、大别山等。

辽东丘陵，又称辽东半岛，大体呈东北—西南走向。辽东丘陵位于辽宁省的东南部，西临渤海，东靠黄海，南隔渤海海峡与山东半岛隔海相望。辽东半岛自然条件优越，物产丰富，农业发达。受海洋气候影响，辽东半岛上冬暖夏凉，是夏季的避暑胜地。

研究表明，人们很早就在这片肥沃的土地上繁衍生息。春秋战国时期，燕国于此设辽东郡。秦汉时期，中原汉文化全面系统地输入辽东半岛。鸦片战争后，中日甲午战争爆发，辽东半岛成为列强侵略中国争抢利益的战场，1895年清政府签订《马关条约》，辽东半岛沦为日本的殖民地。经历了近代的耻辱，如今，国家兴盛，民族复兴，辽东半岛的发展日新月异。

山东丘陵位于黄河以南、京杭运河以东的山东省，亦称"齐鲁山地"，系古老地块久经侵蚀而成。西为泰山山地；东为胶东丘陵，以山东半岛为主体，凸出于黄海、渤海间；中为胶莱河及潍河侵蚀和冲积而成的浅丘平原。丘陵之上的少数山峰，虽海拔不高，但气势雄伟，被誉为"五岳之首"泰山的主峰天柱峰海拔1 532.7米。山东半岛气候属暖温带季风气候类型，四季分明，加之海洋的影响，与同纬度的内陆相比，气候温和，夏无酷暑，冬无严寒。半岛东部沿海城市，如青岛、日照、威海等，气候舒适，是著名的旅游休闲胜地。

作为我国最大的半岛，山东半岛的矿产资源丰富，储量巨大。山东半岛一带自远古以来就有人类生存繁衍。周朝建立后，山东半岛地区逐渐被纳入周朝的版图，太公姜尚受封于此地，建立了齐国。在我国几千年文化史上，齐鲁文化是非常重要的代表。

⊘ 消除挑战
⊘ 趣味猜谜
⊘ 历史典故
⊘ 成语之最

微信扫码

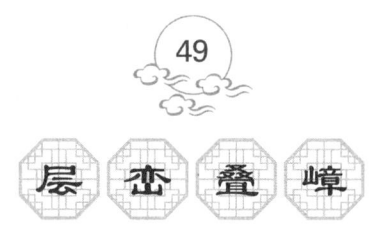

49 层峦叠嶂

【释义】 峦：连着的山；嶂：直立像屏障的山峰。形容山岭重叠。

【出处】 刘胜《文木赋》："重山累嶂，连波叠浪。"陆九渊《与王谦仲书》："方丈檐间，层峦叠嶂，奔腾飞动，近者数十里，远者数百里，争奇竞秀。"

【近义】 崇山峻岭

【反义】 一马平川

科普知识

山地，世界五大陆地基本地形之一，指海拔在500米以上的高地。山地与丘陵最主要的区别是，山地比丘陵起伏更大，坡度更陡。单一的一座山或者山脉不能称为山地，山地是指由众多山共同组成的一种地形。无论是高耸入云的单座山峰还是层峦叠嶂的群山，这些千姿百态的山都是如何形成的呢？

简单来说，根据形成原因，可将山分为三大类型。

由地壳构造运动所形成的山,叫构造山。因为地壳运动,层状岩石相互挤压,发生弯曲变形,形成大面积的褶皱,因此形成的山也叫褶皱山。我们可以举个形象的例子。把一叠纸放在桌上,两只手从纸的边缘用劲往中间挤压,中间的纸就会被挤得高出桌面,呈一拱形,这就是褶皱。如果这些纸是地球上的层状岩石,中间受力发生弯曲变形的就是褶皱山。我国的喜马拉雅山脉就是典型的褶皱山。喜马拉雅山脉是世界上最高的山脉,科学家发现在3 000多万年前,喜马拉雅山是一片汪洋大海,后来在印度洋板块和亚欧大陆板块的挤压下缓慢抬升,成为今天的"世界屋脊"。除了褶皱山外,还有断层山,它又叫断块山,是由于地壳岩层断裂上升形成的。这种山坡度较陡,我国著名的西岳华山就是断层山。

原为高原或构造山,后来受到流水、风等外力长期侵蚀分割而形成的山地,叫侵蚀山。地球上有三种岩石:岩浆岩、变质岩和沉积岩。岩浆岩和变质岩一个质地坚硬,一个细腻光滑,都不容易被侵蚀;沉积岩的主要成分是泥沙,质地柔软,易被侵蚀。当这些岩石露出地表,在风吹雨淋之下,松软的岩石就会被流水和风侵蚀带走,坚硬的岩石留下来形成了侵蚀山。

由某些物质在地表堆积而成的山,叫堆积山。这种山的形状很对称，而且一般都孤立地矗立在低平地区之上，各地的火山就是最常见的堆积山。

　　山地并不适合人类居住，只有在较平坦的山谷或者盆地处，才会有人类的生产生活活动。同时，随着海拔高度的不同，气候特征和植被分布出现差异。山地气温随高度增加而降低，有统计表明，每上升100米，夏季温度下降0.5~0.7℃，冬季温度下降0.3~0.5℃。山地的雨量和雨日一般随高度增加，迎风坡降水量明显多于背风坡，而且山谷、盆地多夜雨。风速随高度增加而增大，山顶、山脊和峡谷风速大，盆地、谷地风速小。随山体海拔的升高，环境条件发生变化（如气温、降水），植被在垂直方向上出现更替，如随着海拔的升高，在峨眉山依次出现常绿阔叶林带，常绿、落叶阔叶混交林带，针阔叶混交林带，寒温性针叶林带。

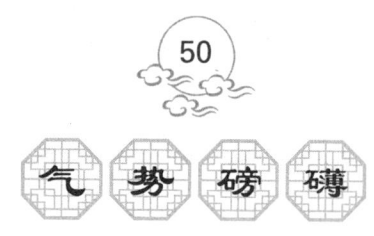

50 气势磅礴

【释义】 磅礴：广大无边的样子。形容气势雄伟。

【出处】 文天祥《正气歌》："是气所磅礴，凛烈万古存。"

【近义】 气贯长虹　气壮山河　气吞山河

科普知识

由"气势磅礴"这个成语，很多人会联想到地球上的一种地形，那就是高原。

高原是指海拔高度在500米以上，地势相对平坦或者有一定起伏的广阔地区。高原和山地是两种不同的地形。山地的地表形态多种多样，有的彼此平行，有的相互重叠，既有高山，也有幽谷。高原的表面则宽广平坦，地势起伏不大，有的就像是被抬升起来的平原。

有"世界屋脊"之称的青藏高原是我国最大的高原，也是世界海拔最高的高原。在灾难电影《2012》里，当世界末日到来，洪水来临，全世界的人们把最终的避难所选到了世界上最高的陆地，那就是我国的青藏高原。青藏高原的平均海拔为4 000米以上，南起喜马拉雅山南缘，北至昆仑山、阿尔金山和祁连山北缘，西部为帕米尔高原和喀喇昆仑山，东南至横断山脉，东北部与秦岭西段和黄土高原相接。整个高原总面积约为250万平方千米，是地球上最雄伟的陆地所在。

虽然现在的青藏高原是世界上最高的陆地，但是在数亿年前，青藏高原却是波涛汹涌的辽阔海洋。受板块运动影响，在漫长的时间里，这片海洋逐渐成为当今地球上的"世界屋脊"。直到今天，青藏高原的边缘仍在不断上升。

内蒙古高原是我国四大高原中的第二大高原，南至阴山，东至大兴安岭，西至贺兰山，北至国界，面积约为34万平方千米。广义的内蒙古高原还包括阴山以南的鄂尔多斯高原和贺兰山以西的阿拉善高原，面积约为70万平方千米。内蒙古高原的海拔一般为1 000~1 500米，南高北低，北部形成东西向低地，最低海拔降至600米左右，古有"瀚海"之称。

唐代诗人岑参在《白雪歌送武判官归京》中写道："瀚海阑干百丈冰，愁云惨淡万里凝。"这里的瀚海就是指内蒙古高原的广大地区。

内蒙古高原气候干燥，草原辽阔，为优良牧场，是我国最主要的畜牧业所在区域。高原地广人稀，蒙古族、达斡尔族、鄂温克族、鄂伦春族和汉族等各族人民和谐地生活在这片大地上。

云贵高原位于我国西南部，西与青藏高原相接，包括云南省东部（哀牢山以东）、贵州全省、广西壮族自治区西北部及四川、重庆南部和湖北、湖南边境地区，总面积约为50万平方千米。由于地理位置的原因，云贵高原属于亚热带季风气候。

云贵高原石灰岩厚度大、分布广，经过地表和地下水的溶蚀作用，成为世界上喀斯特地貌的典型地区之一。

除了自然环境的丰富多样，生活在这里的人们的生产生活同样多姿多彩。云贵高原地区是我国少数民族种类最多的聚居区，也是各民族文化最为丰富和广泛交融的地区。

前三大高原都以行政区划命名，而黄土高原则是以地质成因命名。顾名思义，黄土高原由黄土堆积而形成。黄土高原位于我国中北部，是中华民族古代文明的发祥地之一，面积约为64万平方千米，包括山西省全部，陕西省北部，甘肃省中部、东部及宁夏回族自治区东南部，河南省西部以及内蒙古、青海各一部分，海拔高度为800~3 000米。黄土高原的水土流失非常严重，是生态环境较脆弱的地区，经流水长期

气势磅礴

强烈侵蚀,逐渐形成了千沟万壑的特殊自然景观。黄土颗粒细,土质松软,含有丰富的矿物质养分,利于耕作,盆地和河谷农垦历史悠久。

☑ 消除挑战
☑ 趣味猜谜
☑ 历史典故
☑ 成语之最

微信扫码

51 洞天福地

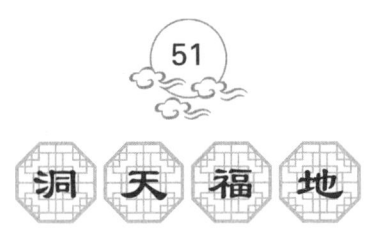

【释义】道家指神仙居住的胜地。后泛指风景优美的地方。

【出处】杜光庭《洞天福地岳渎名山记》记载所谓"十大洞天""三十六小洞天""七十二福地"。徐铉《筠州清江县重修三清观记》:"元气既判,天地乃位。气之清明灵粹者,钟乎洞天福地名山大川之间。"

【近义】山清水秀　仙山琼阁

【反义】穷山恶水　人间地狱

科普知识

洞天福地用来形容风景优美的地方。借由"洞天福地"这个成语,我们来了解一下盆地地形。

地壳运动中,岩石相互挤压,有隆起,自然就有沉降。如果下降的部分被隆起的部分包围,随着时间的推移,就会形成外围高而内部低的一种地形——盆地。

盆地主要有两种类型：一种是地壳构造运动形成的盆地，称为构造盆地，如吐鲁番盆地、江汉平原盆地；另一种是由冰川、流水、风和岩溶侵蚀形成的盆地，称为侵蚀盆地，如云南西双版纳的景洪盆地，主要由澜沧江及其支流侵蚀扩展而成。在我国西部的一些地区，风力特别强，风把地表表面的沙石吹走后也能形成盆地地形。此外，在一些地下有石灰岩发育的地区，常年流动的地下水会使岩石溶解，引起地表塌陷，也会形成盆地，地质学家把这类成因的盆地称为岩溶盆地。这种盆地多见于云贵高原和广西等地。

盆地的面积大小不一，既有超过 10 万平方千米的大盆地，诸如四川盆地、塔里木盆地、准噶尔盆地、柴达木盆地等，也有方圆几千米的微型盆地。盆地独特的地形导致其很容易被水淹没，像上面提到的几个大盆地，在其形成早期都曾被海水或湖水淹没，后来随着地壳不断抬升，盆地内的海、湖渐渐干涸，形成一些河流或小溪。海水和湖水里大量的生物死亡之后被埋入淤泥，久而久之，就形成了石油和煤炭的物质基础。这也是盆地里经常会有丰富的石油和煤炭资源的原因。

我国的四大盆地

塔里木盆地：新疆南部的塔里木盆地是我国最大的内陆

盆地，位于天山和昆仑、阿尔金山间。南北宽约600千米，东西长约1 500千米，面积约53万平方千米。新疆的地形可以用"三山夹两盆"概括，即最北面的阿尔金山、中间的天山和南面的昆仑山，中间夹着两个盆地，南部的塔里木盆地和北部的准噶尔盆地。

准噶尔盆地：位于新疆北部，地势东高西低，盆地中部有广阔的沙漠，其中包括我国八大沙漠之一的古尔班通古特沙漠。西北部因受海洋湿润气流的影响，降水较多。盆地内牧场广阔，畜牧业发达，绿洲和垦田农业也具有相当规模。

柴达木盆地：位于青海省西北部，从边缘至中心，依次为戈壁、丘陵、平原、湖泊等。西北有柴达木沙漠，东南部地面平坦，有大片沼泽和盐湖。四周被昆仑山、祁连山与阿尔金山所环抱，面积约22万平方千米。

四川盆地：位于四川省东部和重庆市西部，是我国各大盆地中纬度最南、海拔最低的盆地，面积约20万平方千米。四川盆地地势自西北向南倾斜，略呈梯形。西部成都附近为冲积平原，中部多波状丘陵地带，东部为平行岭谷。长江横贯南部，北纳岷、沱、嘉陵江，南纳乌江。四川盆地是我国著名的"红色盆地"，多紫红色砂页岩，这种岩石极易风化发育成含有丰富的钙、磷、钾等营养元素的紫色土。四川盆地蕴藏着丰富的煤、石油、天然气等化石能源，边缘山地是多种经济林木和用材林基地，盆地底部耕地连片，是我国重要的水稻、油菜籽产区。巴蜀大地被称为"天府之国"由此可见一斑。

成语与自然现象

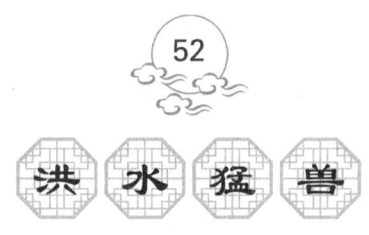

洪水猛兽

【释义】 洪水：能成灾的大水；猛兽：残害人畜的野兽。比喻极大的祸害。

【出处】 朱熹《答刘子澄》："邪说横流，所以甚于洪水猛兽之害。"

科普知识

相信很多人知道大禹治水的传说。大禹率领民众，面对泛滥的黄河，改"堵"为"疏"，治水13年，耗尽心血与体力，长年在外与民众一起奋战，"三过家门而不入"，最终完成了治水大业。大禹也因为治水有功，深受百姓爱戴，成为舜帝的继任者。由此可见，洪水对人们的生产生活造成了巨大影响。

以洪水为主题或背景的神话遍及全球，洪水神话也是世界上流传非常广泛的神话之一。著名的诺亚方舟就是人类为了躲避洪水而建造的。从古至今，洪水给人们带来了无尽的灾难，人们也与洪水一次次展开殊死搏斗。

洪水是暴雨、急剧融化的冰雪、风暴潮等自然因素引起的江河湖泊水量迅速增加，或者水位迅猛上涨的一种自然现象，是一种常见而危害很大的自然灾害。洪水因发生于不同地区而分为河流洪水、海岸洪水和湖泊洪水等。

暴雨往往是河流洪水泛滥的罪魁祸首。暴雨受天气和气候影响，有很强的季节性规律。在我国，暴雨通常发生在夏秋两季，所以夏秋季节是洪水多发的季节。海岸洪水主要是大气扰动、天文潮、海底地震、海底火山爆发等因素形成的暴潮所造成。湖泊洪水兼有河流洪水和海岸洪水的特性。大型湖泊与江河相通，二者会发生水量交换，当江河水涨，多余的水排向湖泊，湖泊水量超过蓄水能力，有发生洪水的危险。湖泊洪水还与上空的气象因素有关，比如有强风出现，容易形成风浪，会将湖水推向堤岸。

按照形成原因，洪水又分为雨洪、山洪、融雪洪水、冰凌洪水等。山洪暴发还可能形成另一种地质灾害——泥石流。

洪水的危害非常大。它既能夺去人类以及其他动物的生命，也能摧毁堤坝、田园、房屋、桥梁。然而，洪水的危害并不止于它发生之时，即使洪水退去，也会留下很多危害。"大灾之后必有大疫"，洪水过后，出现疫情的可能性极大。

洪水泛滥时污水、垃圾、粪便、动物尸体等混在一起，成为细菌和病毒繁衍的场所，形成疾病传播的隐患。

人为因素也是导致洪水发生的重要原因，其中之一就是人类对森林的乱砍滥伐。作为陆地生态系统的主体，森林具有涵养水源、保持水土、调节气候等多种功能，对洪峰有不可替代的削减作用。有洪水不一定有洪灾，而破坏了森林，小洪水也可能造成大洪灾。

近年来，人们对环境的重视远高于以前，"绿水青山就是金山银山"，让被毁坏的生态系统得以修复成为人们共同的愿望，洪水的发生频率也减少了很多。但是，随着城市建设的高速发展，暴雨来临造成的城市洪水成为一个值得关注的问题。

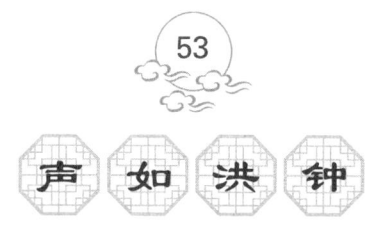

声如洪钟

【释义】 洪钟：大钟。形容说话、歌唱底气足，声音洪亮。

【出处】《北齐书·崔瞻传》："身长八尺，面如刻画，謦欬为洪钟响，胸中贮千卷书，使人那得不畏服！"颜真卿《郭公庙碑铭》："身长八尺二寸，行中絜矩，声如洪钟。"

【近义】 声振林木

科普知识

我国古代著名的文学家苏轼在《后赤壁赋》中写道："划然长啸，草木震动，山鸣谷应，风起水涌。"翻译成现代汉语就是："我大声地长啸，草木被震动，高山与我共鸣，深谷响起了回声，大风刮起，波浪汹涌。"生活中，如果去大山里游玩，你大喊一声"喂"，发现会有一连串的"喂——喂——"声音传回，就像涟漪一样，这就是回声现象。

什么是回声呢？声波在传播过程中，碰到大的反射面

（如建筑物的墙壁、大山等）会在界面发生反射，人们把能够与原声区分开的反射声波叫作回声。简单地讲，回声就是由声波的反射引起的声音的重复。事实上，只要存在障碍物就存在回声，只不过在某些情况下，回声现象不明显。人耳只能区分相隔0.1秒以上时间的两个声音。如果障碍物与发声体的距离较近，原声与回声的间隔不到0.1秒，回声就会与原声混在一起，人们不易察觉。经过计算，人耳到障碍物的距离至少17米，才能将回声和原声区别开，从而才有听到两次声音的效果。

人类利用回声原理发明科学仪器用于生产生活是后天的智慧成果，而动物界利用回声是先天的本能。比如，蝙蝠在飞行时，喉内能够产生超声波，超声波通过口腔发射出来；当超声波遇到昆虫或障碍物反射回来时，蝙蝠能够用耳朵接收，并判断探测目标是昆虫还是障碍物，以及自己距离它有多远。人们把蝙蝠这种探测目标的方式，叫作"回声定位"。

1912年，在大西洋发生了著名的泰坦尼克号与冰山相撞沉没的悲剧，这次大的海难事件引起了全世界的关注。为了寻找沉船，美国科学家设计并制造出第一台测量水下目标的回声探测仪。科研人员先用它在船上发出声波，然后用仪器接收障碍物反射回来的声波信号。通过测量发出信号和接收信号之间的时间,根据水中的声速就可以计算出障碍物的距离和海的深浅。两年后,科研人员用回声探测仪成功地发现了距沉船不远处的冰山。据此设想,如果当时就有回声探测仪,而非仅靠受天气情况干扰很大的望远镜和海员的肉眼,也许可以避免悲剧的发生。

关于回声的应用,声呐装置是最典型的一个例子。声呐的具体含义为"声音导航与测距",是利用声波在水中的传播和反射特性,完成对水下目标的探测。

声呐是各国海军进行水下监视使用的主要技术,用于对水下目标进行探测、分类、定位和跟踪等。此外,声呐技术还广泛用于鱼群探测、海洋石油勘探、海底地质地貌的勘测等。

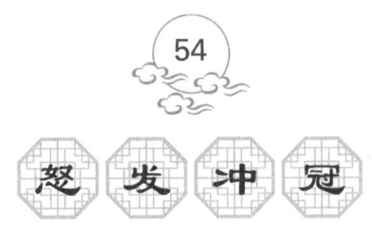

54 怒发冲冠

【释义】 冠：帽子。愤怒得头发直竖，把帽子都顶起来。形容愤怒到了极点。

【出处】《庄子·盗跖》："盗跖闻之大怒，目如明星，发上指冠。"《史记·廉颇蔺相如列传》："相如因持璧却立，倚柱，怒发上冲冠。"

【近义】 咬牙切齿　怒不可遏　大发雷霆　令人发指

【反义】 欣喜若狂　欢天喜地　兴高采烈　眉开眼笑

科普知识

一个人生气能使头发立起来，这个其实不现实。怒发冲冠并非实际情况的描述，只是一种形象化的表达。不过，日常生活中如果你的头发够长，当你梳头时，就会发现头发会飘起来，越梳越乱，梳子靠近头发时，有些头发甚至能"立起来"。这种情况的发生当然不是生气导致，而是一种自然物理现象——静电。

在干燥的环境或者秋冬季节里,你一定遇见过这些情况:晚上脱衣服准备睡觉时,常听见衣服上有噼啪的声响,如果光线暗的话,甚至能看到小火花;按电梯、拉车门、和朋友握手,甚至拧水龙头时,手指会"啪"的一声像触电,随之感到指尖有针刺一样的疼痛感。这些人体接触他人或金属导电体时产生的放电现象,原因都是静电。

所谓静电,指的是处于静止状态的电荷或者不流动的电荷。当电荷聚集在某个物体上时就形成了静电。电荷分为正电荷和负电荷两种,也就是说,静电现象分为两种,即正静电和负静电。当正电荷聚集在某个物体上时形成正静电,当负电荷聚集在某个物体上时形成负静电。但无论是正静电还是负静电,当带静电的物体接触零电位物体(接地物体)或与其有电位差的物体时都会发生电荷转移,也就是我们上面描述的放电现象。

摩擦生电,是产生静电的普遍方法。换句话说,我们平时所产生的静电,几乎都是由摩擦造成的。

物质由原子组合而成,而原子的基本结构为质子、中子和电子。科学家将质子定义为正电,中子不带电,电子带负电。在正常状况下,一个原子中的质子数与电子数相等,正负电平衡,所以对外表现出不带电的现象。当两个不同的物体相互接触并且相互摩擦时，一个物体的电子转移到另一个物体，这个物体就因为缺少电子而带正电，而另一个物体得到一些剩余电子而带负电，这样两个物体都带上了静电。

静电在我们的生产生活中无处不在，也常带来意想不到的危害，比如干扰飞机的无线电设备，电火花点燃易燃物引起爆炸等。当然，我们脱衣服时引起的火花，对于人体而言基本是无害的。

防静电小技巧：

1. 出门前洗手，或者用手摸下墙释放静电。

2. 尽量不穿化纤材质的衣服。

3. 可用小金属器件（如钥匙）等先触碰大门、水龙头、椅背、床栏等消除静电，再用手触及。

4. 下车时提前手扶金属的车门框，这样做可以在摩擦产生静电时，随时把身上的静电释放掉。

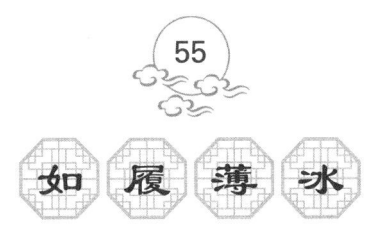

如履薄冰

【释义】履：踩，践踏。如同走在薄冰上一般。形容非常谨慎、小心翼翼的样子。

【出处】《诗经·小雅·小旻》："战战兢兢，如临深渊，如履薄冰。"李绿园《歧路灯》："这狄希陈毕竟是有根器的人……时时如临深渊，刻刻如履薄冰。"

【近义】如临深渊　临深履薄　谨小慎微

【反义】如履平地　麻痹大意　粗心大意

【辨析】"如履薄冰"和"如临深渊"都比喻存有戒心，做事小心谨慎。"如履薄冰"偏重于"做事谨慎"；"如临深渊"偏重于"存有戒心"。两个成语常连用。

科普知识

冰山经常出现在影视作品中，比如取材于真实历史事件的经典影片《泰坦尼克号》，这艘当时世界上最庞大、最豪华的客轮，正是撞上了冰山，才导致船体受损，最终沉入大海，而船上的游客和工作人员，大部分没能幸免于难。可见，冰山的威力有多大。

冰山是漂浮在海中的巨大冰块，大部分沉于水下，露出水面部分占总体积的1/7至1/5。冰山来源于冰川，那么，冰川又是如何形成的呢？

形成冰川首先要有一定数量的固态降水，其中包括雪、雾、雹等。

冰川主要分布在地球的两极和中、低纬度高山区。两极地区的冰川几乎覆盖整个极地，称大陆冰川或冰盖冰川。中、低纬度高山区冰川称山岳冰川，又叫高山冰川。地球上绝大部分的冰川都分布在南极冰盖和格陵兰冰盖。山岳冰川以亚洲中部山地为最多，喀喇昆仑山有1/3以上的面积为冰川所覆盖。

在有一定的海拔且山峰不太陡峭的高山上，随着降雪的进行，会逐渐形成积雪，地上的雪花随着外界条件和时间的变化，慢慢变成圆球状的粒雪，这种粒雪就是冰川的"原料"。积雪变成粒雪后，随着时间的推移，其硬度和紧密度不断增加，大大小小的粒雪相互挤压，紧密地镶嵌在一起，这样就形成了乳白色的冰川冰。再经过漫长的岁月，冰川冰变得更加致密、坚硬，里面的气泡逐渐减少，慢慢地变成晶莹剔透的老冰川冰。

　　一年之中相对暖和的天气使冰川或冰盖边缘断裂的速度加快。在冰川或冰盖与大海相会的地方，冰与海水的相互运动使冰川或冰盖末端断裂入海成为冰山。另外一种冰山的形成是由于冰川伸入海水中，上部融化或蒸发快，使其变成水下巨大的冰架，冰架逐渐断裂而冰山最终形成。南极冰山通常自西向东围绕南极大陆移动，北极冰山则沿着自北冰洋南下的寒流进入大西洋中、低纬度的海域。冰山露出水面的仅仅是其一角。正因如此，冰山成为轮船航行中最危险的敌人。

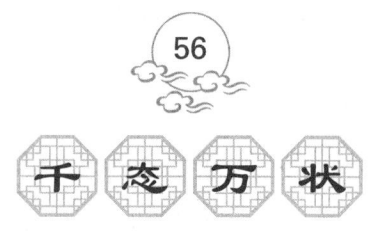

56 千态万状

【释义】形态多种多样。

【出处】张世南《游宦纪闻》:"时云雨未收,溪流初涨,岚雾瀚郁,山颠水涯,千态万状。"

【近义】千姿百态 五花八门 千变万化

【反义】一模一样

科普知识

湿地,濒临江、河、湖、海或位于内陆,并长期受水浸泡的洼地、沼泽和滩涂的统称。一般因地势低平、排水不良或受海洋潮汐涨落影响而形成。湿地是地球上具有独特功能的生态系统,它不仅为人类提供生存的食物、生产生活原料和重要的水资源,而且在维持生态平衡、保持生物多样性以及蓄洪防旱、调节气候等方面发挥着重要的作用。

在我国,额尔古纳湿地是保持原状态最完好的湿地,是亚洲高纬度、低海拔、原生木本湿地中物种最丰富的湿地系统，因此被誉为"亚洲第一湿地"。它位于内蒙古自治区呼伦贝尔市额尔古纳市境内，属于额尔古纳河及其支流（根河、得尔布干河、哈乌尔河）的滩涂地。在干旱的季节，由于具有相对稳定的环境，这里成为许多鸟类重要的庇护场所，每年在这里迁徙、停留、繁殖栖息的鸟类达到2 000万只。额尔古纳湿地既是丹顶鹤在世界上非常重要的繁殖地之一，也是世界濒危物种鸿雁的重要栖息地之一。

多瑙河三角洲位于罗马尼亚东部黑海入海口处，由河水挟带的淤泥日积月累形成，是欧洲最大的湿地。多瑙河三角洲是欧洲、亚洲、非洲候鸟的集散地，也是欧洲飞禽和水鸟最多的地方。这里风光绮丽，资源丰富，被誉为"欧洲最大的地质、生物实验室"。多瑙河三角洲内几千条运河和水道使得这里成为一片神秘的水乡泽国。

位于巴西、玻利维亚和巴拉圭三国交界处的潘塔纳尔沼泽地是世界上最大的湿地，其内分布有大量河流、湖泊和平原。除了丰富的植物资源外，潘塔纳尔沼泽地内还栖息着多种鸟类、鱼类、哺乳动物、爬行动物和两栖动物。雨季和旱季的潘塔纳尔沼泽地，景色颇为不同。雨季来临，沼泽地仿佛成为一望无际的海洋，无数鸟类和动物都潜藏起来；当雨水退却，旱季到来，沼泽地的水量会迅速下降，形成无数个大小不同、形状多样的湖泊和河流。此时，很多在雨季里难觅踪迹的动物开始在陆地活动，其中最有代表性的就是那些让人望而生畏的鳄鱼。

有资料显示，这个地球上最大的"肾脏"——潘塔纳尔沼泽地因为人类无节制的活动正在以一定的速度慢慢萎缩，长此以往，它终将在地球上消失。好在这种情况已经引起人们的高度重视，毕竟环境遭到破坏，受惩罚的还是我们人类自己。

周而复始

【释义】 周:转一圈;复始:重新开始。循环往复,继续不断地周转。

【出处】《史记·封禅书》:"天增授皇帝太元神策,周而复始。"

【近义】 循环往复

【也作】 终而复始

科普知识

正如我们人体内的血液会周而复始地循环,自然界中也存在着许多循环系统,水循环是其中相对容易理解的一种。水循环是指地球表面的水体以液态、气态或者固态的形式在陆地、海洋和大气间不断循环的过程。

无论是固态的冰雪变为液态的水,还是液态的水蒸发成水蒸气,它们之所以能"变身",最重要的推手就是太阳辐射。太阳辐射的强弱决定了它们吸收热量能力的强弱,也决定了它们以何种形式存在。太阳辐射使水从固态变为液态，再由液态变为气态成为可能，而地球的重力作用使得水总是往低处流，为其提供了运动的能量。

水是通过何种方式循环的呢？降水、蒸发和径流是水循环过程的三个最重要环节。形象一点说，降水是水从天空到地表，蒸发是水从地表到天空，而径流则是地表上的水从此处流动到彼处。这样就构成了一个从天到地，从地上某一处到另一处，再到天的庞大的循环过程。

水循环还可以分为海陆间循环、陆上内循环和海上内循环三种形式。

海陆间循环是其中最复杂的循环方式。在太阳辐射的作用下，从海洋和陆地表面蒸发的水上升到大气中，随着大气的运动和在一定的热力条件下，水汽凝结为液态水降落至地球表面，其中一部分降水被植物吸收，其他降水形成地表径流（沿着地表流动的河流）和地下径流。地表径流沿着斜坡形成漫流，通过冲沟、溪涧，注入河流，汇入海洋。地下径流或排出地表形成泉或排入溪沟构成河川径流的一部分，也有的直接排入海中。

陆上内循环是指陆地上（或一个流域内）发生的水循环，也是"降水—地表和地下径流—蒸发"的复杂过程。与海陆间循环不同的是，水没有流入海洋，只是在陆地和大气之间转换。

海上内循环相对简单，指海洋洋面上的水受太阳辐射的作用蒸发成水汽，进入大气后在海洋上空凝结，形成降水又回到海洋的局部水分交换过程。

水循环对大自然和我们人类来说，意义重大。水在水循环这个庞大的系统中不断运动、转化，使水资源不断更新并维持全球水的动态平衡。水循环还可以进行能量交换和物质转移。陆地径流向海洋源源不断地输送泥沙、有机物和盐类；水循环过程中太阳辐射对水的吸收、转化和传输，对气候的调节具有非常重要的意义。同时，水循环还造成侵蚀、搬运、堆积等外力作用，起到不断塑造地表形态的作用。

水循环不仅影响大自然旱季和雨季的交替，而且影响着人类社会的发展和变迁。

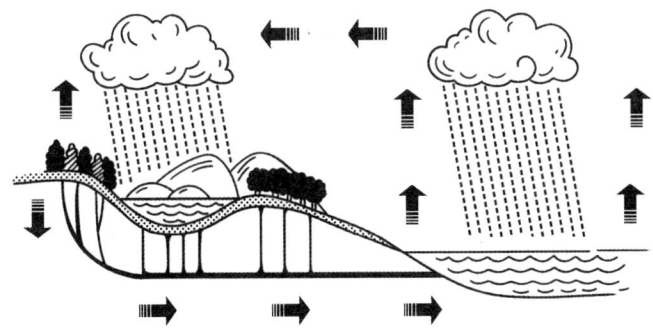

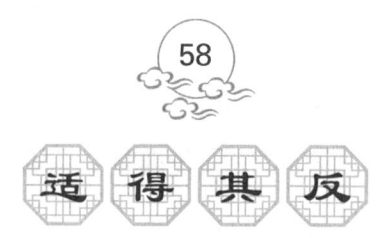

58 适得其反

【释义】适：恰好，正好。恰好得到与愿望相反的结果。指结果与预期的相反。

【出处】曾朴《孽海花》："我们四友里头，文章学问，当然要推你做龙头，弟是蝼尾。不料王前卢后，适得其反。"

【近义】过犹不及　事与愿违

【反义】天从人愿　如愿以偿　称心如意

【辨析】"适得其反"强调结果和愿望相反；"事与愿违"强调客观发展违背了主观愿望。

科普知识

有这样一个传说，古代的约旦国有一个凶残的国王，要杀掉忠诚的大臣，于是命令士兵把这个大臣五花大绑，投入大湖中。没承想适得其反，第二天士兵回来报告，大臣完好无损地漂浮在湖面上。国王大惊失色，以为自己触犯了神灵，连忙派人迎接回大臣。然而全国上下一致认为国王触犯神灵，整个国家都会有灾难降临,国王最终抑郁而终。

我国古代哲学家荀子有一句名言:"天道有常,不为尧存,不为桀亡。"大自然有自己的运行规律,可惜传说中的国王并不知道这个道理。在大湖上漂浮也并非上天旨意,而是一种奇特的自然现象。

传说中的大湖指的就是死海。死海位于约旦同巴勒斯坦之间的西亚裂谷中。南北长80千米,东西宽4.8~17.7千米,面积1 020平方千米。湖面低于地中海海面430.5米,为世界陆地最低处,有"世界的肚脐"之称。

死海名字中的"死"主要指的是大部分动植物无法在那里存活,而它对人类却是极其友好的,因为任何人掉入死海,都会被湖水的浮力托住。

为什么人能漂浮在死海湖面上呢?原因在于死海湖水的成分。死海的水中含有高浓度的盐,为一般海水的8倍多,这一因素致使死海中没有生物存活,甚至连死海沿岸的陆地上也很少有除水草外的生物。这种高浓度的盐导致了湖水的比重超过了人体的比重。换句话说,水的相对密度很大,人体无法"渗入"水中,只能漂浮在它的表面。

死海是如何形成的呢?为什么会有这么高浓度的盐呢?死海位于沙漠中,气温很高,夏季的平均温度为34 ℃,最高温度可超过50 ℃,冬季的平均温度一般也有14~17 ℃。我们知道，气温越高，水的蒸发量就越大。同时，死海的年平均降雨量只有 50 毫米。气温高，蒸发量大，雨水少，湖水变得越来越"稠"，这种"入不敷出"的状态致使死海的含盐量越来越高。

死海是世界上最早的疗养胜地。这里的湖水不但含盐量高，而且富含矿物质，如果常在湖水中浸泡，对人体的健康非常有益。此外，死海海底的黑泥含有丰富的矿物质，有美容的特殊功效。因此，死海每年都能吸引数十万游客前往休假疗养。

不过，有研究表明，死海水位正在逐年下降，随着水量的不断减少，几百年后或许这里就只剩下一片盐地了。

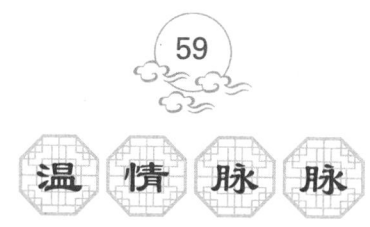

温 情 脉 脉

【释义】脉脉：凝视的样子，后形容用眼神表达爱慕的情意。形容怀着温柔的感情，很想表露的样子。

【出处】辛弃疾《摸鱼儿》："千金纵买相如赋，脉脉此情谁诉？"

【近义】含情脉脉

【反义】冷若冰霜

【辨析】"温情脉脉"和"含情脉脉"都含有含情欲吐的意思。"温情脉脉"的"情"泛指人与人之间的感情，其语义范围大于"含情脉脉"；"含情脉脉"的"情"多指男女之间的爱情。

科普知识

"温情脉脉"这个成语用来形容人对人的情感，那么大自然有没有给予我们温情呢？如果有，我想应该就是那些天然温泉吧。

唐代诗人白居易著有《长恨歌》，其中有："春寒赐浴华清池，温泉水滑洗凝脂。"句中提及的华清池，即华清宫，因在骊山修建，又叫骊山宫。骊山最著名的就是美景和温泉。

温泉是一种从地下自然涌出的天然泉水，因温度较高，得名温泉。为什么温泉有较高的温度呢？和我们平时烧热水的过程一样，如果想升高水温，必须给水加热。生活中我们可以用煤气、天然气，以及各种电器加热水，而在地下的水，要想变热，也需要热源。

一般而言，温泉的形成原因有两种：一种得益于火山喷发，火山喷发形成的未冷却的岩浆不断释放热能，加热附近含水岩层里的水，有的甚至加热到沸腾，形成蒸汽；另一种温泉受地表水渗透循环作用所形成，也就是说，当雨水降到地表向下渗透，深入地壳深处的含水层形成地下水，受下方地热影响，地下水成为热水。当热水温度升高，压力越来越大，以致热水、蒸汽处于高压状态，一旦有裂缝即窜涌而上，最终流出地面，形成温泉。

温泉因含有对人体健康有益的微量元素和矿物质，从古至今人们都将泡温泉作为疗养身体的一种绝佳方式。当然，尽管泡温泉有种种好处，但并非人人皆宜。泡温泉有以下几种效果：促进新陈代谢，加速氧化还原作用；扩张皮肤血管，改善皮肤血液循环和组织营养，增强皮肤的抵抗力；降低血压，改善心血管疾病；刺激神经组织，改善神经炎等疾病；缓解关节韧带的紧绷，改善关节软骨的代谢，消除疼痛。

在我国，很早就有利用温泉疗养治病的历史。《山海经》里就有"温泉"的记载。东汉时期的天文学家张衡写有《温泉赋》，其中描写了普通人洗温泉的盛况。可见，即使在古代，泡温泉也并非权贵所独享，如日月山川一样，温泉也是大自然给世间所有人的馈赠。

60 指鹿为马

【释义】指着鹿,说是马。比喻有意颠倒黑白,混淆是非。

【出处】《史记·秦始皇本纪》:"赵高欲为乱,恐群臣不听,乃先设验,持鹿献于二世,曰:'马也。'二世笑曰:'丞相误邪?谓鹿为马。'问左右,左右或默,或言马以阿顺赵高。或言鹿,高因阴中诸言鹿者以法。"

【近义】颠倒黑白 混淆是非 凿空指鹿

【反义】是非分明 泾渭分明

科普知识

雾和霾并不是一回事。雾是一种大自然正常的天气现象,霾则是人为造成的空气污染,并不是天气现象。雾由悬浮近地面空气中微小水滴或冰晶组成,是近地面空气中水汽凝结(或凝华)的产物。由此可以看出,雾实际上是微小的水滴或冰晶。

雾是如何形成的呢？我们知道，空气中能容纳的水汽是有限度的，当达到饱和状态时，多余的水汽就会凝结，并与空气中散布的微小灰尘颗粒结合在一起，形成小水滴或冰晶。空气容纳水汽的多少与温度是密切相关的。温度越低，空气中能容纳的水汽越少，反之越多。如果地面热量散失，温度下降，空气又潮湿，那么当空气冷却到一定程度时，一部分水汽就会凝结出来，悬浮在近地面的空气层中形成雾。这也是秋冬季节早晨多雾的一个重要原因。等太阳出来，地表温度升高，空气能容纳水汽的数值会相应增高，雾就会随之消散。

那么，霾又是什么呢？霾是指大量烟尘、硫酸、硝酸、有机碳氢化合物等微粒悬浮形成的大气浑浊现象。这些有害的微粒能侵入人体的呼吸道和肺叶中，从而引起呼吸系统、心血管系统的疾病。所以，霾对人体的健康有非常大的影响，而且随着社会经济发展水平的提高，很多城市受到霾的影响。

很多因素会导致霾的形成。空气中悬浮颗粒物的增加是一个重要因素。工业的发展、机动车辆的增多，都会导致空气中污染物排放的增多，使得悬浮颗粒大量增加，形成灰蒙蒙一片的霾。水平方向静风现象的增多也会导致雾霾。城市中的高楼大厦越来越多，使风流经城区时明显减弱，风的能量受到影响，静风现象的增多不利于大气污染物向城区外围扩展、稀释。还有，垂直方向的逆温现象也会导致霾的形成。正常情况下，污染物可以从温度高的低空向温度高的高空扩散，如果遇到逆温现象，则导致上下空气无法流通，污染物也就无法扩散。

随着人们生活水平的提高和环境保护意识的增强，空气质量成为大家日益关心的话题。近年来，各地对霾的治理力度也在逐渐加大，并且取得一定的成效。没有霾的笼罩，在蓝天白云下生活，人们更有幸福感。